Daniel Perrin/Nicole Rosenberger

Schreiben im Beruf

Wirksame Texte durch effiziente Arbeitstechnik

POCKET BUSINESS

Cornelsen

Verlagsredaktion: Erich Schmidt-Dransfeld/Christine Ewers
Grafik und technische Umsetzung: Holger Stoldt, Düsseldorf
Umschlaggestaltung: Katrin Nehm
Titelfoto: © Haag + Kropp/mauritius images
Cartoons: Nico Cadsky, Zürich

Cornelsen online www.cornelsen-berufskompetenz.de

1. Auflage Druck 4 3 2 1 Jahr 08 07 06 05

Druck: Druckhaus Berlin-Mitte

ISBN 3-589-23440-7

Bestellnummer 234407

Gedruckt auf säurefreiem Papier, umweltschonend hergestellt aus chlorfrei gebleichten Faserstoffen.

Inhaltsverzeichnis

Einfach anfangen

Einleitung und Übersicht

Heute Abend noch muss der Text raus. Über Stunden oder Tage haben Sie recherchiert: Gespräche geführt, Fakten zusammengetragen, Argumente abgewogen. Jetzt nur noch schreiben, endlich den Gedanken freien Lauf lassen. Freien Lauf? – Sie schalten den Computer ein, öffnen ein neues Fenster. Anfangen. Da erst fällt Ihnen der unangenehme Nachgeschmack des Mittagessens auf und Sie beschließen, einen Apfel zu essen. Dann aber: anfangen. Augenblick mal, war da nicht noch das Telefonat? Später räumen Sie den Schreibtisch auf, über dem Bildschirmfenster steht der Textname, sonst ist immer noch praktisch leer. – Typisch Sie?

Nein. Was Sie eben erlebt haben, kennen alle, die schreiben, auch gestandene Profis; die Schreibberatung spricht von der „Angst vor dem leeren Blatt". Diese Angst kann einen lähmen; man fängt widerwillig an, wird zu spät oder überhaupt nie fertig mit dem Text und geht beim nächsten Mal noch zögerlicher an die Arbeit. Das müsste nicht sein.

Im Schreibcoaching lernen Sie Ihre Ressourcen sinnvoller zu nutzen. Schreibstaus, Hetze, Fehlplanung – Sie erkennen Ihre persönlichen Schwächen im Schreibprozess und prüfen alternative Techniken. Nach einem Coaching beherrschen Sie ein feineres und flexibleres Repertoire an Schreibstrategien. Sie schreiben mit weniger Aufwand bessere Texte.

Dieses Buch ist kein Schreibcoaching. Es baut aber auf solche Coachings auf – Schreibcoachings und Schreibberatungen für Profis in Journalismus und PR, in Forschung und Dienstleistung, in Management und Verwaltung. Unabhängig vom Wirkungsfeld haben sich die Grundideen und Arbeitstechniken bewährt, die hier erstmals kompakt greifbar sind.

- Das Kapitel 1 dieses Buches stellt die Schreibspirale vor, eine Anleitung für das effiziente und effektive Schreiben unter Druck. Diese Anleitung haben wir nicht erfunden, sondern Leuten abgeschaut, die oft, gern und gut schreiben. Beobachtet man, was Schreibprofis genau tun oder befragt man sie, warum sie es tun – dann zeigen sich, bei allen persönlichen Eigenheiten, durchgängige Merkmale gelungener Schreibprozesse. Sie sind in der Spirale zusammengefasst.

- Die Kapitel 2 bis 6 führen die zwölf Arbeitstechniken vor. Die Techniken nutzen Sie, um eingeschliffene, aber nicht immer passende Schreibstrategien aufzubrechen; um sich bewusst zu werden, was Sie tun, wenn Sie schreiben – und um schließlich Ihre Repertoires zielführender Schreibstrategien zu erweitern. Beispiele aus PR, Betriebskommunikation und Journalismus zeigen, wie es geht: links im Original, rechts überarbeitet, dann kommentiert und angereichert mit Tipps für Einsteiger und Erfahrene.

- Das Kapitel 7 skizziert an einem Fall aus der jounalistischen Praxis, wie die Progressionsanalyse funktioniert – das Instrument, mit dem die Schreibforschung oder auch ein Schreibcoach beobachten kann, was beim Schreiben am Arbeitsplatz tatsächlich geschieht. Just dieser kurze Einblick in die Schreibforschung könnte Sie reizen, Ihr eigenes Schreiben bewusster und mit Erfolg zu trainieren, zu entwickeln.

Dank

Kompaktes Buch, solide Geschichte – „Schreiben im Beruf" geht zurück auf das Arbeitsbuch „Schreiben ohne Reibungsverlust. Schreibcoaching für Profis". Es erschien beim Werd Verlag Zürich 1999, 2000 und 2001. Nach drei Auflagen und fünf Jahren Praxistest haben wir das Werkzeug aus dem Arbeitsbuch, zusammen mit einer breiteren Palette praktischer Fälle, nun als Taschenbuch im vorliegenden Band „Pocket Business" bündeln können. Dem Werd Verlag gebührt Dank für die bisherige gute Betreuung des Werkes und die Bereitschaft zum Wechsel zu Cornelsen.

Zum Gelingen von „Schreiben im Beruf" wesentlich beigetragen haben aber auch die Unternehmen Gruner + Jahr, Tamedia, Nestlé, Neue Zürcher Zeitung, PricewaterhouseCoopers, Ricola, SAP und der Schweizerische Bauernverband. Christine Albrecht, Ingrid Böttcher, Beat Gloor, Aleksandra Gnach, Petra Jörg, Jürg Häusermann, Friederike Herrmann, Otto Kruse, Klaus Meier, Gabriela Ruhmann und Arne Wrobel haben die Arbeitstechniken konstruktiv kritisiert und mitgeprägt, Nadine Hubler hat die Fäden zusammengehalten, Heike Burkard den Text korrigiert. Ihnen allen herzlichen Dank!

1 Schreiben braucht Rhythmus

Dieser Teil stellt die Spirale des Schreibens vor, eine praktische, kurze Anleitung für das kreative Arbeiten unter Druck.

Schreiben Sie für berufliche Zwecke, sind Ihrem Schreibprozess fast immer enge äußere Grenzen gesetzt: Bis dann haben Sie Zeit, so viele Zeilen oder Minuten Text haben Sie zu liefern, das ist Ihr Thema. Vielleicht können Sie gelegentlich ein Thema umbiegen oder eine Frist überziehen, aber meist sind die äußeren Grenzen fix. Sie bewusst einzuplanen, gehört zur rationalen Kontrolle über den Schreibprozess.

Kontrolle ist aber nur die eine Seite kommunikativer Arbeit, Loslassen ist die andere: Routinen aufbrechen, sich vom einen Gedanken zum nächsten schwingen, assoziativ treiben im Schreibfluss – das trägt einen voran, da schreiben Sie über sich und über all die anderen bereits erschienenen Texte zum gleichen Thema hinaus. Leider geraten Sie dabei leicht irgendwohin, schreiben sich vom Thema weg und über den vorgegebenen Umfang hinaus, und dafür ist im Berufsalltag kaum Zeit.

Hier setzt die Idee der Schreibspirale an: Assoziatives Loslassen und rationales Kontrollieren, die beiden Grundbewegungen kreativen Arbeitens, sind darin rhythmisch verbunden. Sie lösen sich während des Schreibens immer wieder ab, und zwar, grob besehen, in vier Phasen: Vorwiegend assoziativ bündeln Sie Ihre Gedanken auf Ihr Ziel hin, vorwiegend rational planen Sie den Aufbau, vorwiegend assoziativ steuern Sie Ihren Schreibprozess und lassen sich zugleich vom Schreibfluss vorwärts ziehen, und vorwiegend rational überdenken Sie nach einem ersten Durchlauf den Text. Genauer? Betrachten Sie dazu sie Schreibespirale auf den Seiten 10/11.

Nun haben Sie alle Phasen durchlaufen, vielleicht für die erste Etappe Ihres Texts, vielleicht für den ersten Entwurf. Sofort beginnt das Spiel von vorn: Entweder überarbeiten Sie jetzt die erste Textetappe oder fahren mit der nächsten fort. Natürlich überschneiden, überlagern und verzahnen sich die Phasen im Schreiballtag.

Zum Weiterkommen aber lohnt es, einzelne Ausschnitte aus dem Prozessknäuel zu lösen und zu trainieren. Dazu haben wir die zwölf Arbeitstechniken zusammengestellt, die Sie nun kennen und nutzen lernen. Die Techniken helfen, den Schreibprozess rhythmischer zu gestalten, ihn also dort zu straffen, wo sich eine Autorin vorher im Ungewissen verloren hat, und ihn dort zu lockern, wo ein Autor am Kleinen klebte. Mit sinnvollerer, rhythmischer Arbeitstechnik werden die Texte an entscheidenden Stellen zusammenhängender, plastischer.

Wie Sie die Techniken anwenden, zeigen Beispiele aus den PR, aus Journalismus, Betriebskommunikation oder Wissenschaft: Schritt für Schritt, links das Original, rechts die Überarbeitung, danach die Kommentare und Tipps. Die Beispiele stammen mehrheitlich aus unseren Beratungsprojekten. Einzelne Stellen sind gekürzt oder gelöscht, mit Blick auf Diskretion und didaktischen Nutzwert.

Doch halt: Bevor Sie überhaupt ans Trainieren und an Ihren neuen Text denken, sollten Sie sich zum Schreiben förderlich einrichten. Arbeitsplatz und Zeiteinteilung beeinflussen den Erfolg Ihrer schöpferischen Anstrengungen stark. Beim Planen dieses Arbeitsrahmens nützen Ihnen Techniken, mit denen Sie die Schreibumgebung abstimmen können auf die Stärken und Schwächen Ihres eingebauten Textprozessors, Ihres Hirns: zum Beispiel die Schreibtisch-Technik (S. 13 ff.).

Ob das hilft? Testen Sie es. Anfangen, einfach anfangen. Sie sind dran – viel Erfolg!

Die Schreibspirale

Das Ziel finden

Zuerst bündeln Sie Ihre zerstreuten Gedanken, finden Ihre Leitidee für den Text: Was soll der Text, was sagt er unter dem Strich? Welches ist seine Stoßrichtung, seine neue Perspektive, seine Pointe? – In dieser Phase nützen Ihnen Arbeitstechniken, mit denen Sie sich nach Recherchen – Tiefenbohrungen und Sammeltouren – vom Detail losreißen können und das Ganze überblicken: zum Beispiel der Überfall-Test (S. 37 ff.).

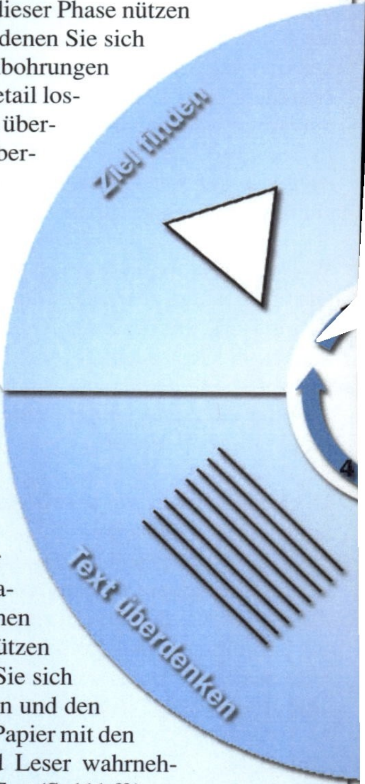

Den Text überdenken

Nach dem Durchlauf prüfen und überdenken Sie den Text oder die Textetappe: Sind die wichtigen Textebenen durchgezogen? Tragen die Schauplätze, die Hauptrollen? Beantwortet der Text die Fragen der Adressaten? Stimmen die sprachlichen Details? – In dieser Phase nützen Ihnen Techniken, mit denen Sie sich vom Text in Ihrem Kopf lösen und den Text am Bildschirm oder auf Papier mit den Augen Ihrer Leserinnen und Leser wahrnehmen: zum Beispiel der Typo-Test (S. 111 ff.).

Den Aufbau planen

Mit Blick aufs Ziel planen Sie den Textaufbau, stecken die Etappenziele und skizzieren die Gedankenlogik komplexer erklärender Passagen: Wie gliedert sich der Text, unter welchen (Arbeits-)Zwischentiteln stehen die Teile? Was erklärt der Haupttext in welchen Schritten, was wird in einen Nebentext ausgelagert? – In dieser Phase nützen Ihnen Techniken, mit denen Sie die Teile und Bezüge im Text erkennen: zum Beispiel die Finger-Technik (S. 45 ff.).

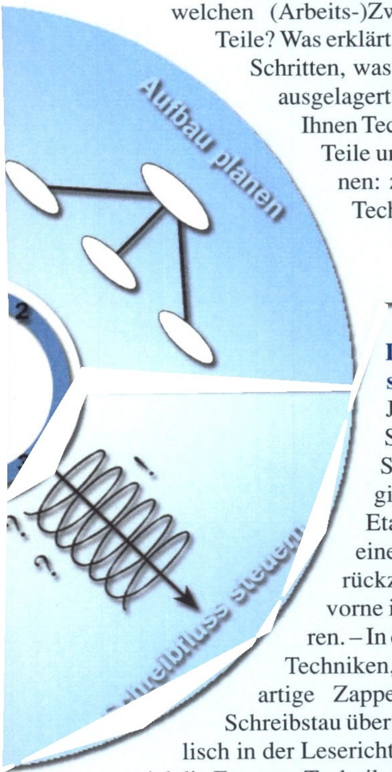

Den Schreibfluss steuern

Jetzt beginnen Sie mit Schreiben und schreiben Sie vorwärts: Ein Gedanke gibt den nächsten, bis zum Etappenziel, möglichst in einem Zug, ohne ständig zurückzuspringen und weiter vorne im Text herumzukorrigieren. – In dieser Phase nützen Ihnen Techniken, mit denen Sie das reflexartige Zappen am Computer beim Schreibstau überwinden und den Text zyklisch in der Leserichtung erarbeiten: zum Beispiel die Etappen-Technik (S. 69 ff.).

2 Den Arbeitsplatz nutzen

2.1 Die Schreibtisch-Technik

Brechen Sie aus dem Bildschirm aus, nutzen Sie Ihren ganzen Schreibtisch als Arbeitsfläche.

Ordnen Sie links neben dem Computer Ihre Quellentexte und Recherchenotizen. Jetzt haben Sie die wichtigsten Linien und Ebenen Ihrer Recherche räumlich vor Augen und Sie finden beim Schreiben auf einen Blick, was Sie suchen. Rechts neben dem Computer liegen Notizblock und Schreibstift. Hier halten Sie Gedanken fest, die Ihnen während des Schreibens einfallen: die Ideen für die Schlusspointe, für den Textkasten, für einen späteren Textteil. Der Bildschirm in der Mitte dagegen bleibt frei für den neuen Text.

Keine Recherchedaten stapeln sich in Bildschirmfenstern im Hintergrund, keine Notizen kleben unten im Schreibfile. Während des Schreibens gibt es also nichts zu scrollen und nichts zu zappen. Der Computer zeigt bildschirmfüllend ein einziges File – Ihren neuen Beitrag.

Wieso braucht beim Schreiben jeder Text seinen Platz? Das Hirn knüpft Gedanken an Orte. Wenn es an mehreren Texten gleichzeitig arbeiten soll, an Recherchetexten, Planungsnotizen und dem neuen Beitrag, dann erleichtert die Ordnung das Umschalten, das Auseinanderhalten, das Wiedereinsteigen. Nach Seitenblicken ins Recherchematerial oder nach Gedankenblitzen zu anderen Textteilen nimmt das Hirn den roten Faden leichter wieder auf, wenn das Auge an den vertrauten Ort zurückkehren kann.

Original

Billig-Airlines

Jetzt buchen

Seit kurzem verkaufen die Airlines Tickets für den Winterflugplan. **Wer jetzt zugreift,** sichert sich die besten Preise. ❶ Auch der Papst fliegt billig. Auf seiner Reise durch die Slowakei Mitte September wechselte Johannes Paul II. von seiner Stamm-Airline Alitalia zur Konkurrenz. In Bratislava stieg er in die Boeing 737 der englischen Low-Cost-Linie Skyeurope.

Schon jetzt können Kunden bei den Billigfliegern mehr als 200 Ziele aus dem Winterflugplan buchen – nur Germania Express verhandelt noch über einzelne Destinationen. ❷ Die Chancen, in der Zeit von Ende Oktober bis März einen billigen Flug zu ergattern, stehen gut. „Wir haben noch ausreichend extrem günstige Tickets im Angebot", sagt Hapag-Lloyd-Express-Chef Wolfgang Kurth.

Der Capital-Test bestätigt: Das Ticket mit Hapag-Lloyd Express von Stuttgart nach Venedig kostet zum Beispiel Ende November weniger als 60 Euro. ❸ Über Weihnachten bietet Ryanair einen Flug von Hahn im Hunsrück nach Rom für 76 Euro an. Die Reise zum neuen Ziel Alghero auf Sardinien kostet Anfang November weniger als 34 Euro. Und Germanwings fliegt zum Frühlingsanfang am 20. März für 78 Euro von Köln/Bonn nach Nizza.

❶ *Lead könnte prägnanter sein*
❷ *fehlende Überleitung, unvermittelter Wechsel zum Thema neue Destinationen*
❸ *unklare Kriterien des Tests*

Verbesserungsvorschlag

Billig-Airlines

Jetzt buchen

Die Tickets für den Winterflugplan sind da. Wer jetzt zugreift, fliegt am günstigsten.

Auch der Papst fliegt billig. Auf seiner Reise durch die Slowakei im September wechselte Johannes Paul II. in Bratislava von seiner Stamm-Airline Alitalia in eine Boeing 737 des englischen Low-Cost-Carriers Skyeurope.

Zielstrebig arbeiten die Billig-Fluggesellschaften an der Ausweitung ihres Marktanteils. Deren Kunden können schon jetzt mehr als 200 Destinationen aus dem Winterflugplan buchen. Germanwings und Hapag-Lloyd Express zum Beispiel fliegen nun auch von Stuttgart ins europäische Ausland – unter anderem nach Barcelona, Lissabon und Rom. „Wir expandieren weiter und wollen schon bald mehr Ziele in Osteuropa und den Ferienregionen anbieten", sagt Germanwings-Geschäftsführer Joachim Klein.

Die Chancen, in der Zeit von Ende Oktober bis März einen billigen Flug zu ergattern, stehen gut. „Wir haben noch ausreichend extrem günstige Tickets im Angebot", sagt Wolfgang Kurth, Chef von Hapag-Lloyd Express. So kostet zum Beispiel die Strecke Stuttgart–Venedig Ende November bei Hapag-Lloyd Express nicht einmal 60 Euro. Ryanair bietet über Weihnachten einen Flug von Hahn im Hunsrück nach Rom für 76 Euro an. Die Reise zu dem neuen Ziel Alghero auf Sardinien kostet Anfang November weniger als 34 Euro. Und Germanwings fliegt zum Frühlingsanfang am 20. März für 78 Euro von Köln/Bonn nach Nizza.

Wer solche Schnäppchen ergattern will, muss wissen, wie die Airlines ihre Preise festsetzen. ❶ Am günstigsten sind Tickets, die frühzeitig gebucht werden – besonders bei Flügen, die in der Wochenmitte, frühmorgens oder spätabends stattfinden. Strecken, auf denen mehrere Billigflieger gegeneinander antreten, sind ebenfalls preiswerter. Darüber hinaus veranstalten die Airlines Sonderaktionen, bei denen sie eine größere Zahl von Plätzen zu Minimalpreisen unter 20 Euro anbieten. Die Termine geben sie per E-Mail-Newsletter bekannt.

Nach einem aktuellen Urteil des Landgerichts Hannover müssen die Billigflieger mindestens zehn Prozent ihrer Plätze zum niedrigsten beworbenen Preis anbieten oder in der Werbung die konkrete Anzahl dieser Plätze nennen. ❷

Expansionspläne. Germanwings und Hapag-Lloyd Express fliegen nun auch von Stuttgart ins europäische Ausland ❸ – u. a. nach Barcelona, Lissabon und Rom. „Wir expandieren weiter und wollen schon bald noch mehr Ziele in Osteuropa und den Ferienregionen anfliegen“, sagt Germanwings-Geschäftsführer Joachim Klein.

Ihm sitzt die Konkurrenz im Nacken. Air Berlin hat den City- und Mallorca-Shuttle auf knapp 100 Strecken ausgebaut. Die beiden größten europäischen Billigflieger Easyjet und Ryanair verhandeln mit dem Flughafen Köln/Bonn. Von dort starten bereits Air Berlin, Deutsche BA, Germanwings und Hapag-Lloyd Express. Die Kunden profitieren – Konkurrenz hält die Preise am Boden.

[Bericht aus einem Wirtschaftsmagazin]

❶ *indirekter Fragesatz weckt Erwartungen, die nicht erfüllt werden*
❷ *fehlende Überleitung*
❸ *fehlende Überleitung*

Wer solche Schnäppchen machen will, muss die wichtigsten Marktgesetze kennen: Am günstigsten sind Tickets, die frühzeitig gebucht werden – besonders bei Flügen, die in der Wochenmitte, frühmorgens oder spätabends stattfinden. Strecken, auf denen mehrere Billigflieger gegeneinander antreten, sind ebenfalls preiswerter. Darüber hinaus veranstalten die Airlines Sonderaktionen, bei denen sie eine größere Zahl von Plätzen zu Minimalpreisen unter 20 Euro anbieten. Die Termine geben sie per E-Mail-Newsletter bekannt.

Um Lockvogelangebote auszuschließen, müssen die Fluggesellschaften mindestens zehn Prozent ihrer Plätze zum niedrigsten beworbenen Preis anbieten oder in der Werbung die konkrete Anzahl dieser Plätze nennen. Dies hat das Landgericht Hannover in einem Urteil Mitte September 2003 festgehalten.

Dem Expansionsdrang der Tiefpreis-Fluglinien tut dies offenbar keinen Abbruch. Air Berlin hat ihre Shuttle-Flüge auf rund 100 Strecken ausgebaut. Die beiden größten europäischen Billigflieger Easyjet und Ryanair verhandeln mit dem Flughafen Köln/Bonn. Von dort starten bereits Air Berlin, Deutsche BA, Germanwings und Hapag-Lloyd Express. Die Kunden profitieren – Konkurrenz hält die Preise am Boden.

Kommentar

Wenn wie bei diesem Übersichtsartikel zum wachsenden Angebot der Billigflugbranche breit recherchiert wurde, ist der Ehrgeiz groß, das gesammelte Wissen auch in den Text zu packen. Doch wer seine Energie in die Vermittlung des reichen Faktenmaterials investiert, vergisst leicht, wie wichtig es ist, die Inhaltsinseln zu vernetzen. Denn unterm Strich machen erst präzis gebaute, sorgfältig formulierte Übergänge einen sperrigen Wust von Information zum aufschlussreichen Text.

Zu den Musts jedes journalistischen Textes gehören Logik und Transparenz.

Das gilt umso mehr für die Brückenschläge zwischen den Gedanken und Themen. Sie müssen tragfähig sein, damit der Leser den Gedankengang mitmacht und sich nicht mitten im Text verabschiedet. Das heißt: Überleitungen müssen konzentrierte Erklär- und Verständnishilfen bieten.

Bei alledem kann die Textregie auch einmal einen bewussten Schnitt, einen frischen Ansatz verlangen. Das aber setzt voraus, dass die Gedankenführung zu einem vorläufigen Punkt gekommen ist. So ist gewährleistet, dass der Gesamtsinn nicht aus dem Blickfeld rutscht.

Die Schreibtisch-Technik verhilft Ihnen dazu, Inhalte unterschiedlichster Couleur kontrolliert zu arrangieren und in Ihrem Text miteinander zu verweben – und dabei nie den roten Faden zu verlieren.

Nutzen Sie Schreibtisch und Bildschirm systematisch.

Beim Verfassen des Verbesserungsvorschlags liegt ein Ausdruck des Originaltextes links neben dem Computer.

Farbig markiert sind jene Stellen, die Fakten zum Flugplan, zu den Expansionsplänen einzelner Airlines und Informationen über die Marktgesetze enthalten. Am Computerbildschirm ist einzig das File geöffnet, in dem der neue Text entsteht, mehr nicht.

Der Text wird von A bis Z neu geschrieben.

Dabei wird ganz bewusst darauf verzichtet, den Ursprungstext in einem Word-Fenster im Hintergrund zu öffnen, um ausgewählte Stellen in den neuen Text zu kopieren. Die Inhalte, die es zu einem Bericht zu verweben gilt, werden immer wieder aus dem Ausdruck neben dem Computer herausgefiltert.

Diese Inhalte werden nun in neue Sätze gegossen.

Auf dem Notizblock rechts neben dem Computer wird zum Beispiel vermerkt, dass das Datum des Urteils des Landgerichts Hannover noch recherchiert werden muss. Diese Informationssuche geschieht allerdings nicht während des Schreibens, sondern später, wenn der Text steht. Aber:

Auch Einfälle betreffend Illustrationen und Bildunterschriften werden auf dem Notizblock von Hand festgehalten.

Wechseln Sie den Schreib-Ort ganz bewusst – möglichst immer dann und nur dann, wenn Sie Distanz brauchen und Ihrem Text neu begegnen wollen.

Schreiben Sie nach der Recherche die erste Fassung vielleicht schon vor Ort, überarbeiten Sie den Text auf der Rückfahrt im Zug ein erstes Mal, ganz (!), und im Büro ein zweites Mal, auch wieder ganz. Wenn Zeit bleibt, gehen Sie früher aus dem Büro und lesen dafür Ihre Arbeit zu Hause oder im Schwimmbad nochmals durch.

Kontraproduktiv wäre es dagegen, beim Recherchieren vor Ort mit dem Schreiben zu beginnen und die ersten beiden Absätze zu überarbeiten, sich dann im Zug drei weitere Absätze abzuringen und die Geschichte schließlich im Büro nahezu fertig zu schreiben, um dann zu Hause noch nach einem Schluss zu suchen.

Wieso bringt jeder Ortswechsel auch Distanz zum Text? In jeder neuen Umgebung nehmen Sie andere Dinge wahr: beispielsweise den Ausblick aus dem Bürofenster, das Kindergeschrei im Zug, den Kaffeegeruch zu Hause. Diese diffuse Wahrnehmung beeinflusst Ihr Erinnerungs- und Sprachvermögen stark. An einem neuen Ort denken und formulieren Sie anders. Deshalb gefällt Ihnen nicht mehr, was eben noch fertig schien, und Sie überarbeiten erst einmal das Alte. Wenn Sie schließlich doch weiterschreiben, bleibt im Text oft ein Bruch zurück.

Original

Service rund um die Uhr ❶

Schnell und vielseitig: ❷ Ob Bahnhofsuhren oder Zeiterfassungssysteme – bei Mobatime tickt alles richtig. Dank integrierter IT.

Die junge Frau ist spät dran. Mit der Aktentasche in der Hand eilt sie durch die Bahnhofshalle. Reicht die Zeit? Ihr Blick sucht eine der Bahnhofsuhren. Der Sekundenzeiger bewegt sich unbarmherzig vorwärts. Es wird knapp. Sie drängt sich durch die Menschen, drückt die Zugtüre auf – geschafft. Der rote Zeiger der Bahnhofsuhr ist bei der Zwölf angelangt. Der Zug fährt los. Und der Zeiger macht sich auf die nächste Runde. ❸

Ob in Zürich, Hongkong, Mailand oder Mexico City, die legendäre Schweizer Bahnhofsuhr ist weltweit anzutreffen. Sie zeigt jedoch nicht nur Reisenden, was es geschlagen hat. Sie findet sich, wahlweise mit oder ohne den charakteristischen roten Sekundenzeiger, ❹ auch in Radio- und Fernsehstudios, in Industriebetrieben oder auf öffentlichen Plätzen rund um den Globus. Vertrieben wird der bekannte Zeitmesser durch die Zeit-Spezialisten der Mobatime Swiss.

Von Zeitwirtschaft bis Unfalldatenspeicher ❺

Das Handels- und Dienstleistungsunternehmen Mobatime Swiss AG verkauft und wartet Produkte der eigenen Marke sowie anderer Hersteller. Dabei dreht sich (fast) alles um Zeit.

❶ *Titel verengt Themenperspektive*
❷ *beliebige Qualifikation*
❸ *szenischer Einstieg mit eingeschränkter Anschlussmöglichkeit zum Thema*
❹ *Textbruch: Werbesprache*
❺ *Textbruch: schwer verständliche Fachsprache*

Verbesserungsvorschlag

Das anspruchsvolle Geschäft mit der Zeit

Ob Bahnhofsuhr oder Zeiterfassungssysteme – bei Mobatime Swiss tickt alles richtig. Dank integrierter IT.

Es ist einer der berühmtesten Stunts der Filmgeschichte: Harold Lloyd, der sich an den Zeiger einer riesigen Wolkenkratzeruhr klammert, hoch über den Straßen von L.A. Der Stummfilm „Safety Last" von 1923 handelt vom mitunter riskanten amerikanischen Traum des gesellschaftlichen Aufstiegs, die Zeit, überdeutlich in Szene gesetzt, entscheidet über Leben oder Absturz, Reichtum oder Armut – kurzum: time is money.

Seither ist zwar viel Zeit verstrichen, aber diese Devise prägt unseren heutigen Alltag erst recht. Zeit ist eine wertvolle Ressource geworden – und verdient deshalb ein entsprechend professionelles Handling. Mobatime Swiss trägt diesem Umstand Rechnung. Das Unternehmen ist auf intelligente Systeme zur Zeitmessung, -erfassung und -bewirtschaftung spezialisiert. Dabei verkauft und wartet es Produkte der eigenen Marke sowie jene anderer Hersteller.

Produkte rund um die Uhr

Der wohl berühmteste Mobatime-Artikel ist die Schweizer Bahnhofsuhr mit dem roten Sekundenzeiger, die auf Bahnsteigen genauso wie auf öffentlichen Plätzen oder in Industriebetrieben rund um den Globus zeigt, was es geschlagen hat. Daneben bildet die Zeitwirtschaft einen wichtigen Geschäftsbereich. Die heutigen Zeiterfassungsgeräte erweisen sich als überraschend vielseitig: Sie zeichnen nicht nur Anwesenheits- und Produktionszeiten auf, sondern regeln bei Bedarf auch gleich die Zutrittskontrolle.

Neben den Uhren ist der wichtigste Geschäftsbereich die Zeitwirtschaft. Die heutigen Erfassungsgeräte erweisen sich als überraschend vielseitig: Sie erfassen nicht nur Anwesenheits- und Produktionszeiten, sondern regeln auf Wunsch auch gleich die Zutrittskontrolle.

Die Sprachaufzeichnung ist ein weiterer Produktbereich von Mobatime. Den Satz „Dieses Gespräch kann zu Übungszwecken aufgenommen werden" haben die meisten schon einmal gehört. ❶ Viele der in Callcentern eingesetzten Sprachaufzeichnungsgeräte stammen von dem mittelständischen Unternehmen. Zu dessen Kunden zählen auch die drei größten Telekommunikationsanbieter in der Schweiz. Diese Produkte werden zudem in Notrufzentralen oder Handelsräumen von Banken eingesetzt, wo die Gespräche aus Rechts-, Sicherheits- oder auch Schulungsgründen aufgezeichnet werden. ❷

Fixpreisangebot überzeugte Entscheider ❸

Der Kundenservice genießt bei Mobatime höchste Priorität. ❹ Die heterogene Zusammensetzung der Kundschaft und das breite Portfolio verlangen nach einem intensiven Customer Relationship Management. Über 30 interne Mitarbeiter und 250 Vertragspartner stehen bei Mobatime dafür im Einsatz. „Bisher arbeiteten wir auf einer UNIX-basierten Plattform mit einzelnen Insellösungen. Um weiterhin den bestmöglichen Kundensupport bieten zu können, war es an der Zeit, die verschiedenen Datenbanken in eine gemeinsame zusammenzuführen", erklärt Felix Wädensweiler, CEO der Mobatime Swiss. Durch die Integration aller Arbeitsbereiche […] sollten die Abläufe rationalisiert werden.

❶ *Zitat nicht in Text eingebettet*
❷ *späte Basisinformation*
❸ *wenig prägnant*
❹ *abgegriffene Formulierung, Werbesprache*

Ein weiterer Produktbereich von Mobatime ist die Sprachaufzeichnung. Firmen dokumentieren Kundengespräche aus ganz unterschiedlichen Gründen: Rechtliche Vorgaben, das Bedürfnis nach Absicherung oder die Schulung des Personals verlangen nach entsprechender Hardware. Viele der in Callcentern eingesetzten Aufnahmegeräte stammen von dem mittelständischen Unternehmen. Zu dessen Kunden zählen denn auch die drei größten Telekommunikationsanbieter in der Schweiz und zahlreiche Notrufzentralen. Aber auch Banken setzen in ihren Handelsräumen Sprachaufzeichnungsgeräte ein.

Kosten und Daten im Griff

Diese heterogene Zusammensetzung der Kundschaft und das breite Produktportfolio verlangen nach einem intensiven Costumer Relationship Management. 30 interne Mitarbeiter und 250 Vertragspartner kümmern sich um die Auftraggeber und garantieren, dass die Kunden mit ihren Bedürfnissen und Problemen nicht „in der Luft hängen". Bis vor kurzem stand dazu eine UNIX-basierte IT-Plattform mit einzelnen Insellösungen zur Verfügung. „Um weiterhin den bestmöglichen Kundensupport bieten zu können, war es an der Zeit, die verschiedenen Datenbanken in eine gemeinsame zusammenzuführen", erklärt Felix Wädensweiler, CEO der Mobatime Swiss. Durch die Integration aller Arbeitsbereiche – von der Kundenakquisition über das Rechnungswesen bis zum Kundendienst – sollten die Abläufe rationalisiert werden.

Unterstützung bei diesem Projekt erhielt man vom SAP-Partner zero1 ag. „Der IT-Dienstleister garantierte mit der mySAP-All-in-One-Branchenlösung All for Machine die komplette Datenübernahme aus dem alten System. ❶ Die mögliche Anpassung an unsere individuellen Anforderungen und der offerierte Fixpreis überzeugten uns endgültig", konkretisiert Felix Wädensweiler. Kostenbewusst zeigte man sich auch bei der Wahl des Betriebssystems und entschied sich für Linux. In Kombination mit der SAP-Datenbank (SAP DB) schuf Mobatime sich damit eine leistungsfähige Infrastruktur.

Moderne IT-Plattform für die Zukunft ❷

Nach nur fünf Monaten stand die neue SAP-Plattform. „Der Systemwechsel erfolgte übers Wochenende. Am Montagmorgen waren die Daten für die Lagerbewirtschaftung vorhanden, und wir konnten auf Anhieb Rechnungen erstellen", erinnert sich CEO Felix Wädensweiler an die Inbetriebnahme zurück.

Das umfassende Fachwissen von zero1 und der hohe Einsatz der Mobatime-Projektleitung hatten sich ausgezahlt. Vom neuen, bereichsübergreifenden Datenmanagement profitieren durch schnelle, integrierte Prozesse nicht nur die Kunden, sondern vor allem auch die Mitarbeiter: So werden beispielsweise Außendienstmitarbeiter durch den Zugriff auf Kunden- und Produktinformationen im Verkaufsprozess deutlich besser unterstützt. Felix Wädensweiler ist überzeugt: „Die leistungsfähige Infrastruktur schafft Zufriedenheit und Vertrauen. Mit der SAP-Branchenlösung ist unsere IT-Plattform auch für die Zukunft gewappnet."

[Aus: SAP INFO April 2003]

❶ *wenig in den Textfluss eingebettete technische Information*
❷ *Jargon übertüncht fehlenden Gehalt*

Sicherheit in Bezug auf Kosten und Datentransfer spielten bei der Wahl der IT-Lösung eine entscheidende Rolle. Mobatime betraute deshalb den SAP-Partner zero1 ag mit der Umsetzung. „Der IT-Dienstleister garantierte mit der mySAP-All-in-One-Branchenlösung die komplette Datenübernahme aus dem alten System. Die mögliche Anpassung an unsere individuellen Anforderungen und der offerierte Fixpreis überzeugten uns endgültig", konkretisiert Wädensweiler. Kostenbewusst zeigte man sich auch bei der Wahl des Betriebssystems und entschied sich für Linux. In Kombination mit der SAP-Datenbank (SAP DB) verfügt das Unternehmen nun über eine leistungsfähige Infrastruktur.

Für die Zukunft gerüstet

Nach nur fünf Monaten stand die neue SAP-Plattform. „Der Systemwechsel erfolgte übers Wochenende. Am Montagmorgen waren die Daten für die Lagerbewirtschaftung vorhanden, und wir konnten auf Anhieb Rechnungen erstellen", erinnert sich CEO Wädensweiler an die Inbetriebnahme zurück.

Das umfassende Fachwissen von zero 1 und der hohe Einsatz der Mobatime-Projektleitung haben sich bezahlt gemacht. Vom neuen, bereichsübergreifenden Datenmanagement profitieren durch schnelle, integrierte Prozesse nicht nur die Kunden, sondern vor allem auch die Mitarbeiter. So werden beispielsweise Außendienstmitarbeiter durch den Zugriff auf Kunden- und Produktinformationen im Verkaufsprozess deutlich besser unterstützt.

Auch Harold Lloyds Kletterpartie am Zifferblatt bringt zwar am Ende den ersehnten privaten und geschäftlichen Erfolg. Aber sein Wettlauf mit der Zeit hätte ihn dabei fast Kopf und Kragen gekostet. Mobatime hingegen setzt auf Umsicht, Know-how und smarte Infrastruktur, um den Umgang mit dem kostbaren Gut Zeit zu optimieren. Mobatime-CEO Felix Wädensweiler ist überzeugt: „Die leistungsfähige Infrastruktur schafft Zufriedenheit und Vertrauen. Mit der SAP-Branchenlösung ist unsere IT-Plattform für die Zukunft gerüstet."

Kommentar

In diesem Beitrag wird ein Unternehmen porträtiert, das sich auf Zeitmessung und Zeiterfassung spezialisiert hat. Zur Einstimmung wählt der Autor einen szenischen Einstieg: Wir sehen eine junge Frau durch einen Bahnhof eilen und in letzter Minute ihren Zug erreichen – Schnitt –, und wir erfahren, dass die Firma, um die es im Folgenden gehen wird, just jene Bahnhofsuhren verkauft, auf die in der Szene raffiniert gezoomt worden ist. Hier nun klafft eine stilistische Lücke. Der originelle und sorgfältig gestaltete Anfang schlägt unvermittelt in leere Werbesprache um. So soll mit dem altbekannten Aufzählen angeblich angesagter Städte („Zürich, Hongkong …") die Weltläufigkeit des Unternehmens illustriert werden. Mit dem ersten Zwischentitel wird die Stilebene abermals gewechselt: Nun setzt eine eher schwer verständliche Fachsprache ein. Dieses Wechselbad der Stile hinterlässt Brüche im Text.

Dass der szenische Einstieg nicht weiter trägt – die Frau tritt auf Nimmerwiedersehen von der Textbühne ab –, führt darüber hinaus zu einer inhaltlichen Kluft. Schauplätze, Rollen, Szenen: Als dramaturgische Werkzeuge eignen sie sich hervorragend dazu, in einen Text einzusteigen. Allerdings nur, wenn sie mehr sind als isolierte Einfälle und wenn sie mit dem Hauptteil verwoben sind. Erst da, wo einmal gesetzte Schauplätze durch den ganzen Text tragen und eingeführte Rollen nicht vergessen gehen, entfaltet sich die Überzeugungskraft solcher Textanfänge. In unserem Beispiel ist der Einstiegsschauplatz dramaturgisch nicht ausgeschöpft und hinterlässt einen Bruch im Text.

Arbeiten Sie mit der Tatort-Technik, um Distanz zu Ihrem Text zu schaffen und Brüche zu erkennen.

Nehmen Sie dazu bewusst einen Ortswechsel vor. So wird Ihnen beim Überarbeiten auffallen, wenn Sie unvermittelt den Sprachstil wechseln oder Rollen nicht durchgezogen haben.

Tipp

Schreiben Sie Einstieg und Hauptteil am selben Ort, in einem Durchgang.

So stellen Sie sicher, dass Sie beim einmal gewählten Sprachstil bleiben und eingeführte Rollen nicht aus den Augen verlieren. Und Sie können schon während des Schreibens überprüfen, ob sich die Einstiegsidee durchziehen lässt. Das ist nicht immer garantiert.

Schauplätze, die durch einen Text tragen sollen, weisen idealerweise mehrere mögliche Anknüpfungspunkte auf.

Der Verbesserungsvorschlag beginnt denn auch mit einer Szene, die auf verschiedene Seiten hin anschlussfähig ist: Harold Lloyd hängt am Zeiger einer großen Uhr, setzt das Risiko über die Sicherheit und schafft schließlich den finanziellen Durchbruch. Diese Handlungspartikel garantieren, dass der Schauplatz im eigentlichen Hauptteil noch mehrmals aufscheint: Die Kunden des porträtierten Unternehmens werden eben gerade „nicht in der Luft hängen gelassen“, und die Sicherheit bezüglich Kosten und Datentransfer kommt – im Gegensatz zum Filmhelden – hier an erster Stelle.

3 Das Ziel finden

Schreibphase I

3.1 Die Antipasti-Technik

Genießen Sie doppelt. Wenn genug Zeit ist: Fertigen Sie vor dem Schreiben erste Ausschnitte als Antipasti.

Sie waren am Schauplatz, trafen die Helden, die Stimmen klingen noch nach. Halten Sie sofort fest, was hängen geblieben ist. Notieren Sie um Mitternacht, nach der Recherche: Kurioses, Einmaliges, die wenigen scharfen Bilder im verschwommenen Film der Erinnerung. Egal sind vorerst Bedeutung und Abfolge dieser Ausschnitte. Am nächsten Tag dann, bevor Sie schreiben, bringen Sie die Szenen auf die Reihe, finden oder erfinden die Ordnung Ihrer Geschichte.

Kleben Sie dabei nicht am einzelnen Bild. Opfern Sie, nachdem Sie einmal darüber geschlafen und Distanz zum Schauplatz gewonnen haben, was von der Laufrichtung Ihres Beitrags ablenkt. Nicht jede Szene passt am Ende noch zum Text. Die Antipasti sollten Sie zum Schreiben anregen, das genügt.

Wieso helfen Antipasti beim Schreiben, auch wenn sie am Ende wegfallen? Diese Ausschnitte fangen Emotionen auf und lösen Emotionen aus: Kurz nach dem Erleben erinnern Sie sich leicht und präzis an Szenen, die Ihre Gefühle bewegt haben; diese Szenen verstellen aber vorerst den Blick aufs Ganze. Mit der Zeit versinken die meisten Einzelheiten im Gesamtbild des Erlebten. Dieses Gesamtbild holen Sie ins Bewusstsein, wenn Sie später einige emotional geladene Einzelheiten wiederlesen. Machen Sie sich nun an Ihren Text, nutzen Sie beides: Überblick und emotionale Nähe.

Original

Dass er Informatiker wird, stand für ihn immer fest. ❶ Michael Muster, Doktorand am Computer Graphics Laboratory der TU Neustadt, hantierte schon als Elfjähriger mit einem programmierbaren Taschenrechner, mit 15 entwickelte er kommerzielle Software und verdiente damit sein erstes Geld. Dennoch: Technik in Reinkultur wäre ihm zu wenig. „Ich bin halt zu sehr auch Sinnesmensch", sagt er. In der Virtual Reality hat er darum sein ideales Tummelfeld gefunden. Für seine Doktorarbeit hat Muster die Softwareschnittstelle zur Applikation von „PhenoMen" entwickelt, einem großen TU-Forschungsprojekt, das den Weg zur Telekonferenz der nächsten Generation aufzeigt. Mit „PhenoMen" kann man dereinst in Neustadt eine Person auch dann dreidimensional begrüßen, wenn diese sich in Santa Barbara aufhält.

Leidenschaftlich betreibt Michael Muster sein Hobby, die elektronische Musik. Im hochgerüsteten Heimstudio produziert er Ambient-Klänge von beeindruckender Qualität. ❷ Im Frühjahr 2004 beginnt für ihn ein neuer Lebensabschnitt: Dann wird er 30, und etwa gleichzeitig sollte seine Diss. fertig sein. Nach neun Jahren TU Neustadt und viel Engagement für Gremien wie Interessenverband der Assistenten, die Stiftung Günstiges Wohnen und die Unterrichtskommission des Departements Informatik hat Michael Muster nun einen Postdoc in fernen Landen im Visier.

❶ *Einstieg fokussiert etwas zu stark auf berufliche Karriere*
❷ *isolierter Einschub*

Verbesserungsvorschlag

Michael Muster ist auf ganz zwanglose Art Forscher und Künstler zugleich. Der Informatiker und Doktorand am Computer Graphics Laboratory der TU Neustadt bringt Gehirn und Gefühl, Präzision und Kreativität, Maschine und Seele so zusammen, dass faszinierend Neues entsteht.

Schon als Elfjähriger hantierte Muster mit einem programmierbaren Taschenrechner, mit 15 entwickelte er kommerzielle Software und verdiente damit sein erstes Geld. Dennoch: Technik in Reinkultur wäre ihm zu wenig. „Ich bin halt zu sehr auch Sinnesmensch", sagt er. In der Virtual Reality hat er darum sein ideales Tummelfeld gefunden. Für seine Doktorarbeit hat Michael Muster die Softwareschnittstelle zur Applikation von „PhenoMen" entwickelt, einem großen Forschungsprojekt der TU-N, das den Weg zur Telekonferenz der nächsten Generation aufzeigt. Mit „PhenoMen" kann man dereinst in Neustadt eine Person auch dann dreidimensional begrüßen, wenn diese sich in Santa Barbara aufhält.

Von hier ist es für Michael Muster nur ein kleiner Schritt zu seinem leidenschaftlich betriebenen Hobby, der elektronischen Musik. Denn die sphärisch-träumerischen Klangteppiche, die Muster im Heimstudio komponiert, sind den minimalistischen Klängen eines Brian Eno verwandt, die dieser als musikalische „Innenarchitektur" verstand. – Musik, um Räume erklingen zu lassen.

Im Frühjahr 2004 beginnt für ihn ein neuer Lebensabschnitt: Dann wird er 30, und etwa gleichzeitig sollte seine Doktorarbeit fertig sein. In den neun Jahren, die er an der TU Neustadt verbrachte, hat er sich für Gremien wie den Interessenverband der Assistenten, die Stiftung Günstiges Wohnen und die Unterrichtskommission des Departements Informatik zur Verfügung gestellt. Jetzt hat er einen Postdoc in fernen Landen im Visier.

Kommentar

Zweimal dasselbe Porträt – einmal nur als Hauptgang, einmal angereichert mit Häppchen aus der erinnerten Begegnung. Das Durchforsten von notierten und im Gehirn gespeicherten Daten bringt das vermeintlich fertige, konzise Textpaket ins Wanken. Denn stimmig gemacht heißt noch nicht, dass das Porträt stimmt. Allzu schnell in die angepeilte Textform gepresst, gehen Ecken und Kanten verloren, erstarrt Erstaunliches zum Verständlichen, wird aus Avantgarde Mainstream. Ruft man hingegen die stärksten Eindrücke aus dem Gespräch noch einmal auf, verschieben sich plötzlich die Gewichte, tauchen Fragen auf, wird aus der Person ein Charakter.

Die Antipasti rufen die erst allmählich im Verlauf des Gesprächs offenbarte künstlerische Seite des porträtierten Forschers in Erinnerung. Indem der Verbesserungsvorschlag darauf ein besonderes Augenmerk legt, bekommt die Persönlichkeit neue Facetten, mehr Tiefgang. Zwischen den im Ursprungstext getrennten Welten Beruf und Hobby zum Beispiel ergeben sich durch die ergänzten Wahrnehmungen neue Bezüge, gegenseitige Folgerichtigkeit und Plausibilität.

Halten Sie Stimmungen und Eindrücke fest, bevor Sie den Text zu schreiben beginnen.

Vor dem eigentlichen Schreiben des Verbesserungsvorschlags entstanden die folgenden Versuche einer Annäherung:

Baumeister virtueller Welten

Vorzugsweise nachts schlüpft Michael Muster in seine zweite Haut. Sein Alter Ego und Pseudonym heißt Nashindo. Hier öffnet sich eine so ganz andere, den Uni-Labors entgegengesetzte Welt. Denn Muster/Nashindo ist auch ein Meister der Komposition von psychedelischen Sounds, die ganz auf seinem Computer entstehen.

Man stellt sich ihn vor als einsamen Wolf und Kontrollfreak, der minutiös sampelt, programmiert, an Tönen bastelt. Seine Musik – komplex-introvertierter, filigran gebauter Ambient – scheint nicht zum Ausrasten gemacht, sondern um zu sich zu finden.

Ambient-Pionier Brian Eno verstand seine Musik als „Innenarchitektur", wollte Räume erklingen lassen. – Vielleicht ein Schlüssel, der wieder zu Michael Musters Forschertätigkeit heranführt? Hier musikalische Architektur, dort die Konstruktion virtueller Welten wie „PhenoMen".

Ambient ist ein sorgfältig getimter, Ruhe ausstrahlender Mix aus Pop-Teppichen, langgezogenen Synthesizer-Bögen und jazziger Improvisation.

Nashindo/Muster trifft sich regelmäßig mit Gleichgesinnten aus der Computermusik-Szene zu Jamsessions.

DIE SÄTZE MÜSSEN EINFACH, GANZ EINFACH FESSELN
DIE GANZ UND GAR FESSELNDEN SÄTZE
SONST?
UND WIE EIN LASSO GEHANDHABT WERDEN
ABER WER BEHERRSCHT SCHON DIESE TECH

3.2 Der Überfall-Test

Erzählen Sie Ihre Geschichte einer Kollegin, die einen Bus zu erreichen sucht, der gleich abfährt.

Fassen Sie in ein paar Sätze, in wenige Sekunden Sprache, was Sie spannendes Neues zu sagen haben und warum es gerade jetzt für Ihr Publikum wichtig ist. Überfallen Sie damit jemanden, der eigentlich gar nicht zuhören will, der kaum Zeit hat für Sie, der im Kopf ganz woanders ist. Wenn Ihr Opfer trotz Zeitnot aufhorcht, hinhört, aufs Thema einsteigt – sind Sie reif, um mit dem Schreiben anzufangen.

Denken Sie bitte nicht, Ihr Thema sei viel zu kompliziert, als dass man es so im Vorbeigehen ... – Sicher, jeder Gegenstand kann viele Seiten und Stunden füllen. Doch journalistisch anreißen, verkaufen müssen Sie ihn dem Publikum meist im Vorbeieilen, beim Durchblättern, beim Zappen, kurz vor dem Weghören. Man hält kurz inne, lässt sich für Sekunden auf Ihren Text ein und bleibt nur dann dabei, wenn er Bedeutung verspricht.

Wieso sollten Sie die Leitidee Ihres Texts am lebenden Objekt prüfen? Schon die Vorstellung, jemanden mit dem eigenen Thema wörtlich fesseln zu müssen, setzt Sie unter Druck. Sie testen Ihren Auftritt in Gedanken, merken, dass Sie den Dreh noch nicht gefunden haben, wechseln den Blickwinkel, steigen anders ein, wagen es endlich ... und bringen den Text beim Reden so klar auf den Punkt, wie es Ihnen beim einsamen Brüten nie gelungen wäre. Die Spannung der Sprechsituation hat die Schleusen für den Sprachfluss geöffnet, ähnlich wie der Adrenalinschub kurz vor Deadline. Sie werden in Notwehr gut und sehen hinterher den Texteinstieg glasklar.

Original

Weit über 500 Millionen Franken Kosteneinsparungen ❶

Das vorgeschlagene erste Maßnahmenpaket wird sowohl kurz- als auch langfristig die wirtschaftliche Situation der Landwirtschaft stärken und die Einkommenssituation der Landwirte verbessern. ❷ Es bringt, falls es vollständig realisiert werden kann, der Landwirtschaft gemäß einer ersten groben Schätzung insgesamt einen wirtschaftlichen Nutzen von 500 Millionen Franken jährlich. ❸

Der SBV wird im Sinn und Geist der jetzt vorgeschlagenen Maßnahmen weiter arbeiten und zur gegebenen Zeit zusätzliche Vorschläge bekannt geben. ❹

Uns ist bewusst, dass einzelne der vorgeschlagenen Maßnahmen auf Widerstand stoßen werden. Das hindert uns aber nicht daran, uns für unsere Ziele einzusetzen und unseren Weg zu gehen. Die Landwirtschaft braucht eine Perspektive. Zur Beruhigung aller vorschnellen Kritiker: Keinesfalls wollen wir die Errungenschaften in den Bereichen Ökologie, Tierschutz, Nahrungsmittelsicherheit und Qualität in Frage stellen. Wenn etwas für die Zukunft der Schweizer Landwirtschaft vital ist, dann ist es das Vertrauen der Konsumentinnen und Konsumenten in unsere Produkte. ❺

❶ *zu unspezifischer Titel*
❷ *Einstieg holt Zuhörer nicht ab*
❸ *erweckt den Eindruck eines Gegensatzes zum Titel*
❹ *unpräzis; stellt Dinge in Aussicht, ohne konkrete Inhalte zu kommunizieren*
❺ *viel Rhetorik, dürftiger Inhalt*

Verbesserungsvorschlag

Unternehmerischen Spielraum für Bauern schaffen

Bauern sind Unternehmer. Sie kennen das Wechselspiel von Angebot und Nachfrage und handeln danach, und das nicht erst seit heute. Die Errungenschaften der vergangenen Jahrzehnte in den Bereichen Ökologie, Tierschutz, Nahrungsmittelsicherheit und Nahrungsmittelqualität zeigen, dass sich die Landwirte konsequent auf die Bedürfnisse der Konsumentinnen und Konsumenten ausrichten. Und trotzdem stehen viele Bauernfamilien finanziell unter Druck. Dagegen treten wir vom Schweizerischen Bauernverband an.

Einerseits wollen wir agrarpolitische Reformen auf den Weg bringen, die den unternehmerischen Spielraum der Bauern vergrößern, aber die erwähnten Errungenschaften nicht tangieren. Dazu gehören etwa Vorschläge, die das Raumplanungs- und Baurecht oder die Arbeitskräfterekrutierung betreffen. Aber auch Vereinfachungen in der Tierhaltung und Optimierungen bezüglich Umweltschutz sollen den Gestaltungsfreiraum zusätzlich vergrößern.

Zum anderen sollen die Landwirte durch gezielte Unterstützung entlastet werden. Etwa durch Steuerentlastungen oder in Form von Beiträgen an eine Ernteversicherung. Wir sind überzeugt: Nur wenn sinnvolle finanzielle Entlastung und mehr unternehmerische Freiheit Hand in Hand gehen, kann sich die Einkommenssituation der Bauern nachhaltig verbessern. Schätzungen veranschlagen den wirtschaftlichen Nutzen des gesamten Maßnahmenpakets auf 500 Millionen Franken pro Jahr.

Einzelne der vorgeschlagenen Maßnahmen wurden bereits in Form von parlamentarischen Vorstößen aufgegriffen. Der SBV wird sich für deren Überweisung einsetzen. Wo Vorstöße oder Initiativen noch fehlen, wird er sich für deren Lancierung stark machen. Der SBV wird auch dafür sorgen, dass die Stoßrichtung des Maßnahmenpakets in die anlaufenden Diskussionen um die nächste Reformetappe der Agrarpolitik einfließt. ❶ Wichtig ist auch der nochmalige Hinweis, dass es uns nicht nur um die Agrarpolitik im engeren Sinn, sondern auch um Reformen in verwandten oder übergreifenden Bereichen wie der Raumplanungs-, der Umwelt- oder Steuerpolitik geht. ❷

Die Umsetzung der vorgeschlagenen Maßnahmen liegt nicht nur in der Hand des SBV. Wir sind auf Partner in der Politik und in anderen Verbänden angewiesen. In diesem Sinn fordern wir Politikerinnen und Politiker aller Parteien und Verbandsvertreter aus den für uns relevanten Bereichen dazu auf, unser Programm mitzutragen. Genauso brauchen die Schweizer Bauernfamilien aber die Unterstützung der Konsumentinnen und Konsumenten. Letztendlich sind sie es, die mit ihrem täglichen Einkaufsverhalten über die Zukunft der Schweizer Landwirtschaft entscheiden.

[Gehalten auf der Medienkonferenz des Schweizerischen Bauernverbandes vom 27. 10. 2004]

❶ *Selbstverständliches wird überbetont*
❷ *ungeschickt fordernde Stellungnahme*

Die Bauern haben bewiesen, dass sie sich am Markt orientieren und mit der Zeit gehen. Nun liegt es an Politikern und Verbänden, die Zeichen der Zeit zu erkennen und die Reformvorschläge des Bauernverbands zu unterstützen. Unterstützung brauchen die Bauern aber primär von den Konsumentinnen und Konsumenten. Sie sind es, die mit ihrem täglichen Einkauf über die Zukunft der Schweizer Landwirtschaft entscheiden.

Kommentar

In einem knapp fünfminütigen Referat hat der Vortragende nur sehr wenig Zeit, seine Botschaft ans Publikum zu bringen. Deshalb gilt: Die Kernbotschaften müssen klar, direkt und dramaturgisch geschickt miteinander verknüpft sein. Nur so ist gewährleistet, dass sich das Gesagte im Kopf der Zuhörer einnistet.

Im vorliegenden Beispiel ist die Botschaft jedoch zu wenig deutlich herausgearbeitet. Der Text kreist um die vom Bauernverband erarbeiteten Reformvorschläge, er bringt aber weder deren Neuigkeitswert auf den Punkt noch bringt er plausible Gründe für deren Einführung.

Im Gegenteil – er schafft Verwirrung: Der im Titel versprochene Spareffekt von 500 Millionen Franken mutiert bereits im ersten Abschnitt zu dem Versprechen, dass für die Landwirtschaft ein „wirtschaftlicher Nutzen" in eben dieser Höhe zu erwarten sei. Im Anschluss daran stellt der Text in Aussicht, den eingeschlagenen Weg weiterzugehen und appelliert an Partner aus Politik und Verbänden, den Bauernverband dabei zu unterstützen. Welcher Weg dabei allerdings gemeint ist, bleibt ungewiss.

Hier haben dem Autor die inhaltlichen Leitplanken gefehlt. Das Schreibziel war womöglich zu wenig klar – damit geht dem Referat die für das gesprochene Wort so notwendige Prägnanz und Geschliffenheit ab. Denn nur wer genau weiß, was er sagen will, findet dafür auch die entsprechend elaborierte Form.

Arbeiten Sie mit dem Überfall-Test, wenn Sie sichergehen wollen, dass der Text gradlinig auf seine Kernbotschaft zusteuert.

Tipp

Erzählen Sie jemandem in wenigen Sätzen, was Sie in Ihrem Text sagen wollen.

Die Geschichte, die dem überarbeiteten Referat in obigem Beispiel zugrunde liegt, sieht dann so aus:

> Bauern sind Unternehmer. Denn sie haben immer schon auf die Bedürfnisse des Marktes reagiert. Neuerungen im Bereich des Tierschutzes oder der Ökologie belegen das. Und trotzdem ist die wirtschaftliche Situation der Landwirte nicht rosig. Deshalb fordert der Bauernverband nicht nur gezielte finanzielle Entlastungen, sondern auch Reformen, die den unternehmerischen Spielraum der Bauern vergrößern.

Ist die Geschichte einmal kurz und bündig erzählt, können Sie mit dem Schreiben des Referats beginnen.

Da Sie die Kernbotschaften bereits mündlich auf den Punkt gebracht haben, werden Sie nun zielstrebig auf die Hauptaussage des Textes zusteuern.

4 Den Aufbau planen

Schreibphase II

4.1 Die Finger-Technik

Zählen Sie Ihren Text an den Fingern einer Hand ab. Schreiben Sie keine Zeile, bevor dies gelingt.

Eine Hand voll Hauptaussagen, logisch verbunden und dramaturgisch aufgespannt, trägt einen Text. Sie gehören vor dem Schreiben festgemacht und verbunden – aber nicht auf Papier, sondern im Kopf. Und da können Sie sich etwa so viele Hauptaussagen merken wie Ihr Publikum auch, nämlich drei bis fünf.

Vielleicht haben Sie den ganzen Text Punkt für Punkt sorgfältig vorgeplant, schriftlich, mehrfarbig, seitenlang. Damit schleppen Sie jedoch zu viel Gepäck auf Ihrer Reise durch den Text mit sich herum. Oder Sie haben sich überhaupt nichts ausgedacht und fangen ganz unbeschwert an; dann aber trägt Ihr Text Sie leicht, wohin er will.

Wieso macht Sie allein das schlanke Konzept im Kopf zugleich beweglich und bestimmt genug? Das Leben im Text lässt sich nicht sicher vorwegplanen; beim Schreiben werden Sie von Aussagefetzen auf dem Papier oder am Bildschirm zu neuen Einfällen angeregt. Wer dabei einen groben Plan hat, erkennt die zielführenden Ideen leichter und verwirft die anderen bestimmter. Und wer diesen Plan im Kopf hat und nicht dauernd woanders nachschauen muss, knüpft leichter ans eben Geschriebene an.

Original

Sparen – Tugend oder Gefahr?

Unternehmen und ihre Stakeholder sind zurzeit einem ungewohnten Wechselbad der Gefühle ausgesetzt. Traditionell vorhersehbare Konjunkturzyklen werden verkürzt und durch unvorhersehbare Volatilitäten ersetzt. ❶ Dies macht die Aufgabe des CEO noch schwieriger, als sie ohnehin ist. Wie soll der CEO nachhaltiges Wachstum generieren können, wenn Schocks und Hiobsbotschaften aus den Märkten seinen Alltag prägen? ❷ In dieser Situation ist die Versuchung groß, mit kurzfristigen Sparmaßnahmen zumindest die Aktionäre zu besänftigen. Kosten haben auch den Vorteil, dass sie im eigenen Haus bewirtschaftet werden können. Dies bringt ein Stück Sicherheit in eine unsichere Welt.

Sparen um des Sparens willen birgt aber Risiken, denn es zielt nur auf kurzfristige Entlastung. Kürzungen werden nämlich oft in Bereichen durchgeführt, in denen am schnellsten messbare Resultate sichtbar werden, und nicht dort, wo es mittel- und langfristig am sinnvollsten wäre. ❸ Reaktive Entlassungen, Rekrutierungs- und Investitionsstopps gefährden die nachhaltigen Wachstumschancen des Unternehmens. Und die Erfahrung zeigt, dass der Jo-Jo-Effekt des Abnehmens auch in der Wirtschaft spielt. Das, was in einem Kraftakt abgebaut wurde, wird später rasch wieder zugelegt, häufig sogar darüber hinaus.

❶ *kompliziert, wenig lesernah*
❷ *bringt neue Frage ins Spiel, bevor die erste geklärt ist*
❸ *nimmt Aussagen vorweg*

Verbesserungsvorschlag

Sparen – Tugend oder Gefahr?

Unternehmen und ihre Stakeholder sind zurzeit einem ungewohnten Wechselbad der Gefühle ausgesetzt. Traditionell vorhersehbare Konjunkturzyklen sind von nicht abschätzbaren Volatilitäten verdrängt worden. Hiobsbotschaften aus den Märkten prägen den Alltag des CEO. Dies macht seine Aufgabe, nachhaltiges Wachstum zu generieren, noch schwieriger, als sie ohnehin ist.

In dieser Situation ist die Versuchung groß, mit Sparmaßnahmen zumindest die Aktionäre zu besänftigen. Überdies haben Kosten den Vorteil, dass sie im eigenen Haus bewirtschaftet werden können. Dies bringt ein Stück Sicherheit in eine unsichere Welt.

Sparen um des Sparens willen birgt aber Risiken. Reaktive Entlassungen, Rekrutierungs- und Investitionsstopps gefährden die nachhaltigen Wachstumschancen des Unternehmens. Und die Erfahrung zeigt, dass der Jo-Jo-Effekt des Abnehmens auch in der Wirtschaft spielt. Das, was in einem Kraftakt abgebaut worden ist, wird später rasch wieder zugelegt und häufig sogar noch mehr. Dieser Sachverhalt wurde durch die Studie „Strange days – Are businesses equipped to catch opportunity in an unpredictable world?" von PricewaterhouseCoopers empirisch untermauert. In dieser Studie räumen 74 Prozent der befragten Finanzchefs sogar ein, dass ihre Unternehmen bei Sparmaßnahmen oft falsche Prioritäten setzen.

Dieser Sachverhalt wurde durch die Studie „Strange days – Are businesses equipped to catch opportunity in an unpredictable world?“ von PricewaterhouseCoopers empirisch untermauert. In dieser Studie räumen 74 Prozent der befragten Finanzchefs sogar ein, dass ihre Unternehmen bei Sparmaßnahmen oft falsche Prioritäten setzen.

Handeln wider besseres Wissen? ❶ Wohl eher ist es ein Konflikt zwischen Theorie und Praxis, zwischen kurz- und langfristigen Zielen. ❷ Unternehmen müssen längerfristige Visionen haben, jedoch auch kurzfristige Überlegensstrategien entwickeln. Der Konflikt lässt sich teilweise dadurch entschärfen, dass zwischen positiven und negativen Kosten unterschieden wird. Positive Kosten schaffen einen nachhaltigen Mehrwert für das Unternehmen, negative keinen. Beispielsweise sind Investitionen für die Beschaffung und den Einkauf über das Internet (E-Procurement) als nachhaltig zu betrachten. Positive Kosten helfen generell mit, das als richtig erkannte Geschäftsmodell effizienter zu machen, um für den Aufschwung bereit zu sein. ❸

Ich wünsche Ihnen eine anregende Lektüre.

[Aus: CEO Magazin 2/2002]

❶ *Frage wird nicht beantwortet*
❷ *zu oberflächliche Erklärung*
❸ *Titel-Frage wird hier zu wenig präzis beantwortet*

Handeln die Verantwortlichen also wider besseres Wissen? Nein. Vielmehr lassen sie sich im Konflikt zwischen aktuellen und zukünftigen Zielen einseitig leiten. Sie entwickeln kurzfristige Überlebensstrategien und versäumen darob, längerfristige Visionen zu entwerfen. Dieser Zwiespalt lässt sich zumindest teilweise lösen, wenn die Sanierer zwischen positiven und negativen Kosten unterscheiden.

Positive Ausgaben schaffen einen nachhaltigen Mehrwert für das Unternehmen, negative keinen. So dürften Investitionen für den Einkauf über das Internet (E-Procurement) dereinst gewinnbringend zu Buche schlagen. Wer den Rotstift hier ansetzt, der erweist seinem Unternehmen einen Bärendienst. Er versäumt es, das als richtig erkannte Geschäftsmodell effizienter zu machen. Und er läuft Gefahr, dessen Wettbewerbsfähigkeit zu schwächen. Anders hingegen verhält es sich mit den negativen Kosten. Hier, aber nur hier, kann Sparen sehr wohl zur Tugend werden.

Kommentar

Tugend oder Gefahr? Eine solche Grundsatzfrage lädt geradezu dazu ein, die Schattierungen dieses Gegensatzpaars zu beleuchten und zu erklären.

Das im Titel implizit enthaltene Versprechen, eine Antwort zu liefern, gerät so leicht in Vergessenheit – und wird hier auch nicht wirklich eingelöst. Das Editorial liefert zwar Antworten, aber ungenaue. Nur im Kopf des aufmerksamen Lesers fügen sie sich zur differenzierten Aussage: Sparen ist nicht gleich Sparen – es gibt das mustergültige Streichen (bei den negativen Kosten) und das bedenkliche Knausern (bei den positiven Kosten).

Unterm Strich rückt der Text vom harten Kontrast ab und kommt – durchaus plausibel – zu einer Sowohl-als-auch-Aussage.

Ein Editorial ist sozusagen die rhetorische Visitenkarte des Herausgebers und legt das gedankliche Fundament für die gesamte Publikation.

Was im Editorial gesagt wird, muss direkt einleuchten und deshalb prägnant und präzise formuliert sein. Fragen, die der Text explizit aufwirft, verlangen denn auch eine klare Antwort.

Mit der Finger-Technik fällt es Ihnen leichter zu gewährleisten, dass Ihre Argumentation stringent aufgebaut ist und Sie dabei die aufgeworfenen Fragen auch wirklich abschließend klären.

Sie wollen die Frage klären, ob Unternehmen sparen sollen oder nicht.

Legen Sie sich zu diesem Zweck vor dem Schreiben die Argumentation zurecht. Dabei sollten Sie sich aber nicht im Detail verlieren.

Bemühen Sie sich darum, Ihren Beweisstrang deutlich herauszuarbeiten. Dazu benötigen Sie nicht mehr als drei bis maximal fünf miteinander verknüpfte Aussagen.

Erst wenn Sie die Schritte der Beweisführung an den Fingern einer Hand aufzählen können, ist es Zeit, mit dem Schreiben zu beginnen.

Der neuen Version liegt ein schlankes Konzept zugrunde. Es basiert auf den nachfolgenden fünf Aussagen:

1. Es ist verständlich, dass gespart wird (Sparen bringt Sicherheit).
2. Aber: Sparanstrengungen sind langfristig gesehen vergeblich (Jo-Jo-Effekt).
3. Und: Sparen kann gefährlich sein (verhindert nachhaltiges Wachstum).
4. Deshalb: Es muss am richtigen Ort gespart werden (nämlich bei den negativen Kosten).
5. Und: am richtigen Ort investiert werden (nämlich bei den positiven Kosten).

A-K

Entlasten Sie sich von Erklär-Stücken: Wenn Sie im Text etwas Schwieriges, Neues erklären wollen, dann zeichnen Sie es, bevor Sie schreiben.

Überlegen Sie vor dem Schreiben, ob es in Ihrem Text zum Beispiel Sinn machen würde, den komplizierten Zusammenhang zwischen Lehrstellenförderung und Jugendarbeitslosigkeit zu erklären und wie Sie ihn einfach darstellen können. Zeichnen Sie die Hauptakteure dieses Kräftespiels grafisch oder in Stichworten auf, notieren Sie dazu die wichtigsten Bezüge. Arbeiten Sie an Ihrer Skizze, bis möglichst wenig darauf ist und das Wichtige drin. Nur das gehört in den Text, mehr nicht.

Falls Sie diese entlastende Vorarbeit überspringen, müssen Sie Ihre Gedanken dann später während des Schreibens klären, ordnen und schärfen. So verlieren Sie worteringend Ihre Zeit an dichten, komplexen Stellen mit Nebenakteuren und Nebenargumenten – mit Arbeit, die Sie (und später auch das Publikum) aus der Geschichte hinausträgt.

Wieso lohnt das Skizzieren vor dem Schreiben? Schreiben ist Linearisieren auf allen Ebenen: Sie bringen Gedanken, Sätze, Wörter, Lettern auf die Reihe. Dabei belegt die reine Spracharbeit einen guten Teil des Arbeitsgedächtnisses. Skizzieren Sie komplexe Teile im Voraus, nutzen Sie zuerst die ganze Leistung zur logischen Durchdringung, und später beim Schreiben bleibt die ganze Kraft für die Spracharbeit.

Original

1. Ausgangslage

Das Institut für Angewandte Medienwissenschaft IAM bietet zurzeit die drei Nachdiplomkurse Wirtschaftskommunikation, Kulturkommunikation und Kulturkritik sowie Wissenschaftskommunikation an. Der Nachdiplomkurs Wirtschaftskommunikation wird auf das Wintersemester 2003/04 hin zum Nachdiplomstudium ausgebaut. Das Nachdiplomstudium ist modular aufgebaut und besteht aus drei Nachdiplomkursen. Zudem sollen je nach Bedürfnis der Teilnehmer die bereits bestehenden Nachdiplomkurse Kulturkommunikation und Kulturkritik sowie Wissenschaftskommunikation mit zwei der drei Nachdiplomkurse des Nachdiplomstudiums kombiniert und damit zu einem Nachdiplomstudium ausgebaut werden können. Damit werden sich die Teilnehmer eine auf ihre Bedürfnisse und ihr konkretes Berufsfeld zugeschnittene Weiterbildung zusammenstellen können. ❶

In diesem Baukastensystem von Nachdiplomangeboten fehlt ein auf die Kommunikatoren in öffentlichen Verwaltungen zugeschnittener Kurs. Diese Lücke soll mit der Lancierung des 24-tägigen Nachdiplomkurses Politische Kommunikation geschlossen werden. ❷ Kommunikatoren aus öffentlichen Verwaltungen besuchen zurzeit den Nachdiplomkurs Wirtschaftskommunikation (im laufenden Kurs stammen vier von 18 Teilnehmern aus der Verwaltungskommunikation).

❶ *Einstieg über bestehendes Kursangebot steht einer zielstrebigen Argumentation im Weg*
❷ *zu spät wird offen gelegt, was genau beantragt wird*

Verbesserungsvorschlag

1. Ziel

Das Institut für Angewandte Medienwissenschaft IAM setzt sich zum Ziel, den Nachdiplomkurs Politische Kommunikation zum Frühjahr 2004 einzuführen. Der Kurs richtet sich an Kommunikatoren in der öffentlichen Verwaltung, in Behörden und in Non-Profit-Organisationen. Während 24 Kurstagen werden die Studierenden mit den Mechanismen, Strategien und Instrumenten der Politischen Kommunikation vertraut gemacht.

2. Markt

Im Feld der politischen Kommunikation wurden in den vergangenen Jahren zahlreiche Stellen geschaffen und häufig mit so genannten Quereinsteigern besetzt. Das heißt: Akademiker mit einem geisteswissenschaftlichen, ökonomischen oder juristischen Abschluss, die keine spezifische Kommunikationsausbildung genossen haben, steigen direkt in die Kommunikationspraxis ein. Viele dieser Quereinsteiger suchen nach einigen Jahren Berufspraxis eine auf sie zugeschnittene Weiterbildung.

Zum Teil sind diese Kommunikatoren im Verwaltungsbereich mit den gleichen Aufgaben und Problemstellungen konfrontiert wie ihre Kollegen in der Unternehmenskommunikation. ❶ Einige Felder der klassischen Wirtschaftskommunikation aber sind für diese Kommunikationsprofis entweder nicht von Belang (Bsp. Investor Relations), oder sie lassen sich nicht eins zu eins auf den Verwaltungskontext übertragen (Bsp. Kundenkommunikation, Branding).

Der öffentliche Sektor hat in den vergangenen Jahren sehr viele neue Stellen für Kommunikatoren geschaffen. ❷ Diese Stellen sind zum großen Teil von so genannten Quereinsteigern besetzt: Das heißt, Akademiker mit einem geisteswissenschaftlichen, ökonomischen oder juristischen Abschluss, die keine spezifische Kommunikationsausbildung genossen haben, steigen direkt in die Kommunikationspraxis ein. Viele dieser Quereinsteiger suchen nach einigen Jahren Berufserfahrung eine spezifische Weiterbildung. Auf der Interessentenliste, die das IAM für das Nachdiplomangebot Politische Kommunikation führt und laufend erweitert, figurieren bereits Anwärter für ein solches Produkt. ❸

2. Ziel

Das IAM möchte den Nachdiplomkurs Politische Kommunikation im Frühjahr 2004 einführen. ❸

[…]

❶ *Argumentation wird nicht logisch entwickelt;*
Argumente sind ungenügend miteinander verknüpft
❷ *Fakten kommen zu spät*
❸ *späte zeitliche Konkretisierung des Beantragten*

Bis heute fehlt auf dem Markt ein Angebot, das diesen Bedürfnissen Rechnung trägt. Kommunikatoren aus dem öffentlichen Sektor, von Verbänden und Organisationen besuchen deshalb die klassischen Weiterbildungen zur Unternehmenskommunikation. (Im NDK Wirtschaftskommunikation des IAM stammen vier von achtzehn Teilnehmern aus der Verwaltung.)

Dies ist allerdings nur bedingt sinnvoll. Denn einige zentrale Themen der klassischen Wirtschaftskommunikation sind für die politische Kommunikation entweder nicht von Belang (Bsp. Investor Relations), oder sie lassen sich nicht auf den Verwaltungskontext übertragen (Bsp. Kundenkommunikation, Branding). Zudem gibt es spezifisch politische Themen (Bsp. Wahlen und Abstimmungen), die in den herkömmlichen Kommunikations-Weiterbildungen bislang kaum behandelt werden.

Unsere Markt- und Bedarfsabklärungen haben ergeben, dass die Nachfrage nach einer Fortbildung für politische Kommunikatoren groß sein dürfte. Auf der Interessentenliste, die das IAM für das Nachdiplomangebot Politische Kommunikation führt und laufend erweitert, figurieren bereits Anwärter für ein solches Produkt.

[...]

Kommentar

Anträge wollen Entscheidungsträger für ein bestimmtes Vorhaben gewinnen. In diesem Beispiel geht es um die Einführung eines neuen Fortbildungskurses. Bis die Adressaten allerdings erfahren, worin sie investieren sollen, müssen sie bis zum zweiten Abschnitt durchhalten. Und selbst der beginnt nicht etwa mit dem schlagenden Argument, sondern mit einem eher zweitrangigen. So gesehen verkauft der Antrag seine Sache schlecht und bleibt eine überzeugende Argumentation schuldig.

Diese Argumentation ist jedoch das Rückgrat eines jeden Antrags, und ihr muss der gesamte Text letztlich zuarbeiten.

Dabei gilt es sorgsam abzuwägen, ob die Differenzierung eines Gedankens (hier etwa die Darstellung des bisherigen Kursangebots) die Beweisführung auch wirklich stützt oder sie nicht vielmehr behindert.

Entfernen Sie Überflüssiges, legen Sie den Kern der Inhalte frei: Kommen Sie nicht um die Darstellung komplexer Gegenstände herum, erleichtern Zeichenstift, Papier und eine mutige Skizze die sprachliche Reduktion. Denn:

Soll der Text wirken, tut er gut daran, die notwendige Basisinformation zu liefern, aber auch kein Wort mehr.

An diesem Balanceakt zwischen Vertiefung und Stringenz zu arbeiten, lohnt sich – buchstäblich.

Arbeiten Sie mit der Skizzen-Technik, so fällt es Ihnen leichter, die Inhalte aufs Wesentliche zu reduzieren und einen überzeugenden Aufbau für Ihre Argumentation zu finden.

Im Original-Antrag werden ganz unterschiedliche Gründe für die Einführung des NDK Politische Kommunikation angeführt: von den Lücken im bisherigen Kursangebot über Beobachtungen bei bestehenden Weiterbildungen bis hin zu allgemeinen Aussagen über den Arbeitsmarkt. – Dies sind gute Argumente, jedaberoch keine schlagende Argumentation.

Arbeiten Sie die Bezüge zwischen den verschiedenen Argumenten vor dem Schreiben grafisch heraus:

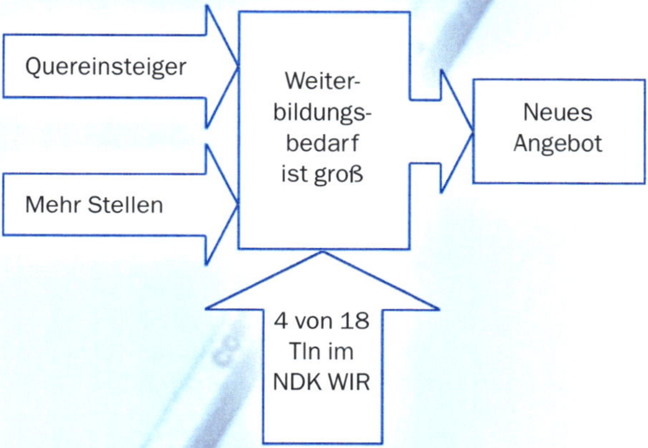

Die Skizzen-Technik führt uns deutlich vor Augen, was Ziel des Textes sein muss: nämlich plausibel aufzuzeigen, dass von einer großen Nachfrage nach dem neuen Produkt ausgegangen werden kann. Dazu ist eine zweistufige Argumentation angebracht. Zunächst wird nachgewiesen, dass ein Weiterbildungsbedarf im Bereich Politik besteht. Im zweiten Schritt wird gezeigt, dass dafür ein maßgeschneidertes Angebot zu schaffen ist.

ERLARK
STÜCK

4.3 Der Rückerklär-Test

Testen Sie, wie Ihre Gedanken im Kopf einer Leserin ankommen: Lassen Sie sich von einer Testperson zurückerklären, was sie in Ihrem Text gelesen hat.

Legen Sie die Passagen Ihres Texts, in denen Sie etwas erklären, einem Laien vor und bitten Sie ihn, zusammenzufassen, was er dort gelesen hat. Wie hängen also beispielsweise Flugsicherheit und Anflugsrichtung zusammen? Verzichten Sie dabei auf Erläuterungen, Rechtfertigungen oder Gebrauchsanleitungen zu Ihrem Text. Das Publikum wird am Ende schließlich auch nur Ihr geschriebenes Wort kennen.

Versteht die Testperson den Sachverhalt anders, als Sie es erwartet oder intendiert haben, erklären Sie ihr mündlich, was Sie im Text meinen. Es wird sich dann zeigen, welche Textstelle die falsche Spur gelegt hat. Den überarbeiteten Text können Sie allerdings dieser Testperson nicht wieder vorlegen – die Chance des ersten Lesens ist bei ihr ausgereizt. Für einen nächsten Rückerklär-Test müssen Sie dann eine andere, noch unbefangene Leserin hinzuziehen, die dem Text zum ersten Mal begegnet.

Wieso zeigt Ihnen erst der Rückerklär-Test, was Ihr Text erklärt? Erstens kennen Sie Ihr Thema und zweitens die alten, verworfenen Textversionen, die gestrafften Übergänge, die getilgten Beispiele. Den Wissensvorsprung und die Textgeschichte müssten Sie beim Korrekturlesen ausblenden, um einschätzen zu können, welche Vorstellungen der Text beim ersten Lesen auslöst. Eine Erst-Leserin dagegen geht ohne Ballast an die Erklärung heran und lässt sich allein von ihr (fehl)leiten.

Original

Maßnahmenplan Balance 2006
Orientierung über das Vorgehen im Lohnbereich

Sehr geehrte Mitarbeiterinnen und Mitarbeiter

Der Regierungsrat hat Sie Anfang November 2004 darüber orientiert, dass er zur Entlastung der Laufenden Rechnung den Maßnahmenplan Balance 2006 in Auftrag gegeben hat. Im Hinblick auf die Finanzplanung und die Budgetierung für das kommende Jahr hat er an der heutigen Sitzung Maßnahmen im Lohnbereich beschlossen, die zu Einsparungen von 150 Millionen Euro in den Jahren 2006 und 2007 und von 180 Millionen Euro im Jahr 2008 führen sollen.

Die bereits vor einem Jahr ins Auge gefasste lineare Lohnkürzung wurde vorerst nicht umgesetzt. Der Regierungsrat stellte aber schon damals klar, dass die defizitäre Entwicklung der Laufenden Rechnung eine Senkung des Lohnaufwands später doch notwendig erscheinen lassen könne. Im Rahmen des Maßnahmenplans Balance 2006 zeigte es sich als unerlässlich, dass auch auf der Seite des Personals ein Beitrag zur mittelfristigen Sanierung des Haushalts geleistet wird. Der Regierungsrat hat zusammen mit den Vereinigten Personalverbänden in mehreren Verhandlungsrunden im Rahmen der Sparvorgaben eine einvernehmliche und praktikable Lösung gesucht. ❶ Der Regierungsrat hat nun beschlossen, die Löhne der Mitarbeitenden auf 1. Januar 2006 um drei Prozent zu senken, allerdings auf Wunsch der Personalverbände befristet auf die Jahre 2006 bis 2008. ❷

❶ *unklar, ob beschlossene Maßnahmen beschrieben werden oder zurückgeblendet wird*
❷ *die eigentliche Botschaft kommt zu spät*

Verbesserungsvorschlag

Maßnahmenplan Balance 2006
Orientierung über das Vorgehen im Lohnbereich

Sehr geehrte Mitarbeiterinnen und Mitarbeiter

Der Regierungsrat hat Sie Anfang November 2004 darüber orientiert, dass er zur Entlastung des Budgets den Maßnahmenplan Balance 2006 in Auftrag gegeben hat. Im Hinblick auf das kommende Jahr hat er heute Lohnmaßnahmen beschlossen, die zu Einsparungen von 150 Millionen Euro in den Jahren 2006 und 2007 und von 180 Millionen Euro im Jahr 2008 führen sollen. Der Regierungsrat hat nun entschieden, die Löhne der Mitarbeitenden der Verwaltung auf 1. Januar 2006 um drei Prozent zu senken, allerdings befristet auf die Jahre 2006 bis 2008.

Wie ist es zu diesem Beschluss gekommen? Die bereits vor einem Jahr ins Auge gefasste lineare Lohnkürzung ist bekanntlich vorerst nicht umgesetzt worden. Der Regierungsrat stellte aber schon damals klar, dass die Lohnkosten später dennoch gesenkt werden müssen, da die Laufende Rechnung sich defizitär entwickelte. Der Maßnahmenplan Balance 2006 förderte dann die Einsicht, dass – neben dem Verzicht auf gewisse staatliche Dienste – auch das Personal seinen Beitrag zur Sanierung des Haushalts zu leisten hat.

Gemeinsam mit den Vereinigten Personalverbänden hat der Regierungsrat in mehreren Verhandlungsrunden eine einvernehmliche und praktikable Lösung gesucht. Nach Abschluss dieser Gespräche hat der Regierungsrat beschlossen, die Löhne der Mitarbeitenden der Verwaltung auf 1. Januar 2006 um drei Prozent zu senken, allerdings auf Wunsch der Personalverbände befristet auf die Jahre 2006 bis 2008. Diese Lohneinbuße wird wenigstens zum Teil dadurch kompensiert, dass dem Per-

Andererseits sollen flankierende Maßnahmen zugunsten des Personals damit verbunden werden: Zur teilweisen Kompensation werden 2006 und 2007 zwei Urlaubstage und 2008 zwei weitere, d. h. insgesamt vier zusätzliche Urlaubstage gewährt. Auch die Gewährung zusätzlicher Freitage ist bis Ende 2008 befristet. ❶ Der Lohn der Lehrpersonen aller Stufen wird nur um zwei Prozent gekürzt, dafür erhalten sie keine zusätzlichen Urlaubstage.

Für das Jahr 2006 ist die Beförderungsquote auf 0,4 Prozent der Lohnsumme festgelegt worden, in den folgenden Jahren stehen wieder 0,8 Prozent der Lohnsumme zur Verfügung. Im Jahr 2006 wird kein Teuerungsausgleich ausgerichtet, für die Jahre 2007 und 2008 ist geplant, den halben Teuerungsausgleich zu entrichten. Der Regierungsrat ist sich bewusst, dass die Maßnahmen schmerzen, sie sind aber vor dem Hintergrund der Finanzlage unvermeidlich. Der Regierungsrat zählt auf Ihr Verständnis und erwartet, dass Sie Ihre Aufgaben weiterhin bestmöglich erfüllen. ❷

❶ *fehlende Transparenz*
❷ *nicht ganz stimmige Tonlage*

sonal 2006 und 2007 je zwei zusätzliche Urlaubstage gewährt werden und 2008 zwei weitere, das heißt insgesamt vier zusätzliche Urlaubstage. Diese Gewährung zusätzlicher Freitage ist ebenfalls bis Ende 2008 befristet. Der Lohn der Lehrpersonen aller Stufen wird nur um zwei Prozent gekürzt, sie erhalten jedoch keine zusätzlichen Urlaubstage.

Für das Jahr 2006 ist die Beförderungsquote auf 0,4 Prozent der Lohnsumme festgelegt worden, in den folgenden Jahren stehen wieder 0,8 Prozent der Lohnsumme zur Verfügung. Im Jahr 2006 wird kein Teuerungsausgleich ausgerichtet, für die Jahre 2007 und 2008 ist geplant, den halben Teuerungsausgleich zu entrichten.

Der Regierungsrat ist sich bewusst, dass die Maßnahmen schmerzen, sie sind aber vor dem Hintergrund der Finanzlage unvermeidlich. Der Regierungsrat zählt auf Ihr Verständnis. Er rechnet mit einer baldigen Verbesserung der Situation und hofft, dass Sie Ihre Aufgaben weiterhin engagiert erfüllen.

Kommentar

Dieser Brief überbringt schlechte Nachrichten. Die Angestellten einer politischen Behörde erfahren, dass wegen der angespannten Finanzlage für die kommenden Jahre eine Lohnkürzung ins Haus steht. Man merkt es dem Text an: Der Absender will die beschlossene Sache schonend kommunizieren. Das ist zwar verständlich aus der Sicht politisch exponierter Entscheidungsträger, nicht aber aus jener der Adressaten. Im Brief wird vermieden, direkt auf das bevorstehende Lohnopfer loszusteuern. Stattdessen fließt viel Energie in die Erläuterung des Unvermeidlichen. Mit dem Ergebnis, dass dahinter der Anlass und Gegenstand des Schreibens fast verschwindet. Es dauert bis zur Mitte des zweiten Abschnitts, bis die Leser wissen, was sie erwartet. Aber sie laufen Gefahr, vorher schon den Überblick zu verlieren.

Zur Verspätung kommt, dass der Brief die zentrale Information zu wenig transparent macht: Wie viele zusätzliche Urlaubstage werden den Angesellten als Kompensation in den Jahren 2006 bis 2008 in Aussicht gestellt? Vier, sechs oder acht? Die Leser werden diese Lücken je anders füllen. Denn es fehlen Partikel, die eine eindeutige, unmissverständliche Lesart garantieren. Anders im dritten Abschnitt. Hier sind die Regelungen bezüglich Beförderungsquote und Teuerungsausgleich sprachlich so präzise gefasst, dass Fehldeutungen ausgeschlossen sein dürften.

Mit dem Rückerklär-Test erreichen Sie, dass Ihre Botschaft bereits beim ersten Lesen ganz verstanden wird. Legen Sie erklärende und komplizierte Passagen einem Testleser vor, und lassen Sie sich von ihm erklären, wie er den Abschnitt versteht. So erkennen Sie, welche Aspekte Sie präzisieren und welche Zusammenhänge Sie deutlicher herausarbeiten müssen. Mit dem Rückerklär-Test stellen Sie sicher, dass der Text seine volle Wirkung entfaltet – auch bei einem Leser, der sich nicht so gründlich mit der Materie beschäftigt hat wie Sie.

Tipp

Lassen Sie sich von einer Testleserin den zweiten Abschnitt zurück erklären.

> „Der Regierungsrat kürzt die Lohnsumme. Das hat er bereits vor einem Jahr beschlossen. Ab dem 1. Januar 2006 erhält jeder Mitarbeiter 3% weniger Lohn. Dank der Personalverbände ist diese Kürzung bis Ende des Jahres 2008 befristet. Als Gegenleistung haben die Mitarbeiter Anspruch auf vier zusätzliche Urlaubstage. Den Lehrern wird der Lohn weniger gekürzt."

Die Testleserin präzisiert den Zeitraum nicht, innerhalb dessen den Angestellten vier zusätzliche Urlaubstage zustehen. – Aber das geht aus dem Brief auch kaum schlüssig hervor. Dass sie zudem die Sonderregelung für die Lehrpersonen nicht auf Anhieb detailgetreu wiederzugeben weiß, zeigt, dass die Informationen im Text zu dicht gestaffelt werden. Aus dem gleichen Grund dürfte in der Rückerklärung der aktuelle Beschluss der Regierung zu einem schon vor einem Jahr gefällten Entscheid mutiert sein. Die langatmige und faktenreiche Rückblende des Briefes erschwert rasches, sicheres Erfassen der Prioritäten.

In der Rückerklärung unerwähnt bleiben die Hintergründe, die zum unpopulären Entschluss geführt haben: das Haushaltsdefizit, zu dessen Sanierung die Angestellten der Behörde nun ihren Beitrag leisten müssen. Doch gerade auf diesen Zusammenhang – und damit auf den Appell an die finanzpolitische Vernunft – legt die Erläuterung im Originaltext großen Wert. Der Aufruf verpufft.

Der Rückerklär-Test zeigt, wie der Text von einem Leser verstanden wird – und ob die Botschaft bei ihm angekommen ist.

5 Den Schreibfluss steuern

Schreibphase III

5.1 Die Etappen-Technik

Lesen Sie nur die letzte Etappe, die letzten zwei Sätze, um nach einer Denkpause wieder in den Schreibfluss einzusteigen.

Plötzlich stecken Sie fest, wissen nicht weiter, vor Ihnen die Öde, kein Gedanke in Sicht. Sie sind aus dem Schreibfluss geraten und müssen ganz neu einsteigen. Der ressourcesparende Reflex in dieser Situation: Rollen Sie Ihr Textfile im Programmfenster so weit hoch, dass Sie nur noch die letzten ein oder zwei Zeilen, die letzten beiden Sätze sehen. Diese lesen Sie sich jetzt durch, um wieder in Schwung zu kommen. Mehr nicht.

Falls Sie es versäumen, den alten Text zu verstecken, schweift Ihr Auge unweigerlich hoch; nach oben, wo alles schon so gut gesagt ist. Wie wohl das tut! Unten die Krämpfe, oben diese Sicherheit. Am liebsten klettern Sie zurück zum starken Anfang und bessern da ein bisschen herum. Sich selbst machen Sie vor, Sie holten jetzt Schwung, um unten wieder einzusteigen. Das ist, als nähmen Sie für einen Weitsprung fünfhundert Meter Anlauf.

Wieso bringt ein kurzer Anlauf mehr? Präzise anknüpfen soll Ihr neuer Text an die letzten Aussagen. Genau die müssen Sie vor dem Weiterschreiben wieder ins Gedächtnis laden. Springen Sie stattdessen ganz hoch, verlieren Sie den roten Faden erst recht. Schlimmer noch: Sie lesen jetzt den Text oben aus dem Blickwinkel von jemandem, der den Text unten schon kennt, und korrigieren ihn gegen die Leserichtung. Fürs Publikum funktionieren muss er aber von oben nach unten.

Hinweis: Bei diesem Beispiel wurde die Einleitung sehr stark gekürzt und der Inhalt deutlich umstrukturiert. Bitte beachten Sie dies beim „Parallellesen" von Original und Verbesserungsvorschlag!

Original

„Verstaubtes Image korrigieren"

Der Chef von Schild erklärt, warum die Fusion mit Spengler nicht wunschgemäß läuft und wie er das Modehaus aus der Verlustzone führen will.

Die Bekleidungsbranche fand auch im vergangenen Jahr nicht aus der Krise. Die Lust der Konsumenten auf Kleider blieb bescheiden, eine Trendwende ist nicht in Sicht. Dazu reihten sich negative Firmenmeldungen. Ende Juni schockte Charles Vögele mit einer Gewinnwarnung und schon im Mai hatte die Globus-Gruppe bekannt gegeben, dass sie sich wieder von den Oviesse-Kleiderläden trennen wird. Die italienische Marke hatte massive Verluste eingefahren. ❶

Im Sommer folgte das Aus für Spengler. Jahrelang hatte der Chef und Besitzer Christian Spengler versucht, das schlingernde Schiff wieder flottzukriegen. Ohne Erfolg. Per Anfang Oktober übernahm Schild 18 Filialen des Traditionsunternehmens. ❷ Mit diesem Coup stieg das Luzerner Modehaus mit einem konsolidierten Umsatz von rund 200 Millionen Franken und gut 1.000 Angestellten hinter H&M, Vögele und C&A zur viertgrößten Kraft im Schweizer Textilgeschäft auf. ❸

Die treibende Kraft hinter der Fusion ist Meinrad Fleischmann. Der 43-jährige HSG-Ökonom hatte zusammen mit einem vierköpfigen Managementteam im August 2003 die Aktien der Gruppe von der Familie Schild übernommen. Als Mitgift hat die neue Unternehmensleitung vom früheren Firmenpatron

Peter Schild ein Startkapital erhalten. Einen Teil davon hat Fleischmann verwendet, um Spengler zu kaufen. Der passionierte Marathonläufer führt Schild seit drei Jahren. Vorher leitete er ABM und den Herren-Globus. ❹

❶ *erster Anlauf ins Thema: Brancheninformationen tragen nichts zur im Lead versprochenen Erklärung bei*
❷ *zweiter Anlauf: Geschichte des einen Fusionspartners*
❸ *dritter Anlauf: Bedeutung der Fusion*
❹ *vierter Anlauf: Geschichte des anderen Fusionspartners und Kurzporträt des Interviewten*

Verbesserungsvorschlag

„Verstaubtes Image korrigieren"

Der Chef von Schild erklärt, warum die Fusion mit Spengler nicht wunschgemäß läuft und wie er das Modehaus aus der Verlustzone führen will.

Die Modehäuser Schild und Spengler schrieben 2003 rote Zahlen. Daran hat auch der Zusammenschluss der beiden im Oktober 2004 nichts geändert. Mit 200 Millionen Franken konsolidiertem Umsatz und 1.000 Angestellten ist Schild nach der Fusion immerhin viertgrößte Kraft im Schweizer Textilgeschäft, hinter H&M, Vögele und C&A.

Herr Fleischmann, beim Zusammenschluss von Schild und Spengler fusionieren zwei Schwache. Warum soll daraus ein Starker werden? ❶
In den letzten Jahren ist der Bekleidungsmarkt massiv geschrumpft. In der Schweiz werden heute wertmäßig weniger Kleider verkauft als noch Anfang der Neunzigerjahre. Schild und Spengler waren beide im gleichen Marktsegment tätig. Dank der Fusion können wir nun über die gleiche Infrastruktur, Zentrale und Logistik den doppelten Umsatz abwickeln. Das ergibt ein großes Einsparungspotenzial. Und darin liegt auch die Logik des Zusammengehens. Das drängt Ihr Argument in den Hintergrund.

Beide Modehäuser schrieben 2003 Verluste, und im vergangenen Jahr gab es wohl kaum eine Trendwende? ❷
Leider nein. Wir konnten aber mit Rentabilitäts- und Margenverbesserungen den Verlust markant verkleinern.

Konkret?
Schild hat 2004 einen tiefen einstelligen Millionenbetrag als Verlust hinnehmen müssen.

Und Spengler?
Wir haben hier ja nur das Filialgeschäft übernommen. Alle Läden leisten zwar einen positiven Deckungsbeitrag. Ich kann aber nur über die Filialen sprechen. Vom Geschäftsgang der Versandaktivitäten von Spengler habe ich keine Kenntnis.

❶ *die erste Frage knüpft weder an den Lead noch an den Einstieg an, sondern zielt auf Herleitung der Fusion ab; die Antwort wiederholt die Informationen aus dem ersten Anlauf*
❷ *Frage knüpft nicht an Vorhergehendes an; erfragt wird Geschäftsgang <u>vor</u> der Fusion*

Die Spengler-Filialen gehören seit dem 1. Oktober zu Schild. Hat sich die Fusion gelohnt?
Noch nicht. Wir spüren bei den Kunden große Verunsicherung. Viele fragen sich, ob sie jetzt bereits in einem Schild- oder noch in einem Spengler-Geschäft sind, zumal in der Herbst-Winter-Saison noch die Spengler-Sortimente geführt werden. Entsprechend sind auch die Umsätze der Spengler-Filialen in den ersten drei Monaten klar unter den Erwartungen geblieben.

Wie reagieren Sie darauf?
Wir haben beschlossen, dieser Verunsicherung mit einem vorgezogenen Markenwechsel zu begegnen. Statt wie geplant im September nehmen wir die Spengler-Logos bereits im Februar und März herunter und ersetzen sie mit dem Schild-Emblem.

Das heißt, der Name Spengler ist schon Ende März verschwunden?
Richtig. Wir wollten zuerst die Marktleistung anpassen: Sortimente, Kundenservice, Werbung, Ladenauftritt und Warenpräsentation. Jetzt geben wir Gas, damit wir nicht noch weitere Umsatzeinbußen hinnehmen müssen.

Sowohl Spengler wie auch Schild schrieben 2003 Verluste. Gab es im vergangenen Jahr eine Trendwende?
Leider nein. Wir konnten aber mit Rentabilitäts- und Margenverbesserungen den Verlust markant verkleinern.

Konkret?
Schild hat 2004 einen tiefen einstelligen Millionenbetrag als Verlust hinnehmen müssen.

Und Spengler?
Wir haben hier ja nur das Filialgeschäft übernommen. Alle Läden leisten zwar einen positiven Deckungsbeitrag. Vom Geschäftsgang des Versandhandels von Spengler habe ich keine Kenntnis.

Bedeutet das, dass Schild weitere Marktanteile verloren hat?
Nein. Ich rechne damit, dass der Gesamtmarkt im letzten Jahr um drei bis fünf Prozent rückläufig war. Auch bei uns gingen die Umsätze zurück. Wir haben uns etwas besser geschlagen als die Branche insgesamt.

Ist das nicht bloß Augenwischerei? Fakt ist doch, dass in den letzten Jahren jene Textilgeschäfte Erfolg hatten, die entweder billig oder teuer sind. ❶
Auch im mittleren Segment gibt es durchaus Erfolgsgeschichten. Schauen Sie in die USA: Dort sind die erfolgreichsten Textilkonzepte der jüngsten Zeit – Gap und Banana Republic – genau wie wir positioniert. Wir sind wesentlich günstiger als der Herren-Globus, aber auch klar teurer als Charles Vögele und C&A. Unsere Konkurrenten sind die beiden Warenhäuser Manor und Coop City. In der Mitte gibt es also durchaus Platz und ein Kundensegment.

Wen wollen Sie ansprechen?
80 Prozent der Kaufentscheidungen in unseren Geschäften werden von Frauen getätigt. Der typische Schild-Kunde ist also weiblich, zwischen 35 und 45 Jahre alt, hat ein gewisses Flair für Mode und spricht auf Beratung an.

Ein „gewisses Flair“ – was heißt das?
Schild wie Spengler hatten bislang nicht gerade den Ruf, die trendigste Mode zu führen. Damit müssen wir leben. Wir versuchen, dieses etwas verstaubte Image zu korrigieren.

Und wie?
Wir haben neue, junge Marken ins Sortiment aufgenommen und passen unsere Läden an. Im Zürcher Hauptgeschäft machen wir zum Beispiel mit unserem neuen Laden 40 Prozent

❶ *neues Thema: Positionierung des fusionierten Unternehmens*

Bedeutet das, dass Schild weitere Marktanteile verloren hat?
Nein. Ich rechne damit, dass der Gesamtmarkt im letzten Jahr um drei bis fünf Prozent rückläufig war. Auch bei uns gingen die Umsätze zurück. Wir haben uns etwas besser geschlagen als die Branche insgesamt.

Mit Schild und Spengler haben zwei schwache Players fusioniert. Warum soll daraus ein Starker werden?
In den letzten Jahren ist der Bekleidungsmarkt massiv geschrumpft. In der Schweiz werden heute wertmäßig weniger Kleider verkauft als noch Anfang der Neunzigerjahre. Schild und Spengler waren beide im gleichen Marktsegment tätig. Dank der Fusion können wir nun über die gleiche Infrastruktur, Zentrale und Logistik den doppelten Umsatz abwickeln. Das ergibt Einsparungspotenzial. Und darin liegt auch die Logik des Zusammengehens. Das drängt Ihr Argument in den Hintergrund.

Sie wollen sich an sieben Standorten auf einen bestehenden Schild- oder Spengler-Laden konzentrieren. Was passiert mit den frei werdenden Geschäften?
Für die frei werdenden Flächen, alle in bester Einkaufslage, werden Alternativkonzepte entwickelt. Denkbar sind Konzepte im textilen oder nicht textilen Bereich.

Wie vielen Mitarbeitenden wurde wegen der Fusion gekündigt?
Bei Schild hat die Fusion zu keinen direkten Kündigungen geführt. Hingegen werden in den Spengler-Filialen aufgrund der Restrukturierung der Verkaufsprozesse 60 bis 70 Arbeitsplätze abgebaut, vor allem Spezialfunktionen an der Kasse, am Packtisch und im Filiallager. Für alle Betroffenen besteht ein Sozialplan.

mehr Umsatz als vor dem Umbau. Hier ist der neue Schild bereits Realität.

Die Spengler-Filialen gehören seit dem 1. Oktober zu Schild. Wie sind die ersten Erfahrungen? ❶
Wir spüren bei den Kunden eine große Verunsicherung. Viele fragen sich, ob sie jetzt bereits in einem Schild- oder noch in einem Spengler-Geschäft sind, zumal in der Herbst-Winter-Saison noch die Spengler-Sortimente geführt werden. Entsprechend sind auch die Umsätze der Spengler-Filialen in den ersten drei Monaten klar unter den Erwartungen geblieben.

Wie reagieren Sie?
Wir haben beschlossen, dieser Verunsicherung mit einem vorgezogenen Markenwechsel zu begegnen. Statt wie geplant im September nehmen wir die Spengler-Logos bereits im Februar und März herunter und ersetzen sie mit dem Schild-Emblem.

Das heißt, der Name Spengler ist schon Ende März verschwunden?
Richtig. Wir wollten zuerst die Marktleistung anpassen: Sortimente, Kundenservice, Werbung, Ladenauftritt und Warenpräsentation. Jetzt geben wir Gas, damit wir nicht noch weitere Umsatzeinbußen hinnehmen müssen.

Beide Modehäuser sind in der Verlustzone. Macht Ihnen wenigstens die spanische Marke Mango Freude, an der Schild für die Schweiz die Franchising-Rechte besitzt? ❷
Leider nein. Wir mussten einen Umsatzrückgang hinnehmen.

❶ *zu spät und zu kurz behandelt das Interview das im Lead versprochene Hauptthema*
❷ *ein Seitenthema, das nichts mit der Fusion zu tun hat*

Ihre große Herausforderung bleibt: Wie wollen Sie aus der Verlustzone kommen?
Der Bekleidungsmarkt dürfte sich auch in den nächsten Jahren seitwärts bewegen. Hier ist nicht viel zu erwarten. Als Schild haben wir zwei Möglichkeiten. Erstens wird uns die Fusion Einsparungen in Millionenhöhe bringen. Wir lagern beispielsweise die Logistik aus und können IT- sowie weitere zentrale Kosten in Relation zum Warenertrag massiv senken. Zweitens möchten wir über wertige Marken die Preise langfristig erhöhen. Das heißt, wir wollen ein leicht teureres Sortiment in den Läden. Das sind Maßnahmen, um unsere Marge zu verbessern.

Ist das nicht Wunschdenken? Fakt ist doch, dass in den letzten Jahren jene Textilgeschäfte Erfolg hatten, die entweder billig oder teuer sind.
Auch im mittleren Segment gibt es Erfolgsgeschichten. Schauen Sie in die USA: Dort sind die erfolgreichsten Textilkonzepte der jüngsten Zeit – Gap und Banana Republic – genau wie wir positioniert. Wir sind wesentlich günstiger als der Herren-Globus, aber auch klar teurer als Charles Vögele und C&A. Unsere Konkurrenten sind die beiden Warenhäuser Manor und Coop City. In der Mitte gibt es also durchaus Platz und ein Kundensegment.

Wen wollen Sie ansprechen?
80 Prozent der Kaufentscheidungen in unseren Geschäften werden von Frauen gefällt. Der typische Schild-Kunde ist also weiblich, zwischen 35 und 45 Jahre alt, hat ein gewisses Flair für Mode und spricht auf Bedienung und Beratung an.

Ein „gewisses Flair" – was heißt das?
Schild wie Spengler hatten in der Vergangenheit nicht gerade den Ruf, die trendigste Mode zu führen. Damit müssen wir leben. Wir versuchen, dieses etwas verstaubte Image schrittweise zu korrigieren.

Warum?
In den letzten 15 bis 20 Jahren ist das modische Billigsegment rasant gewachsen. Jetzt haben wir auch hier eine Sättigungsgrenze erreicht. Zudem hat Mango interne Probleme, was sich auch auf die Kollektion 2004 auswirkte.

Werden Sie trotzdem neue Mango-Geschäfte eröffnen?
Ja, im März in Winterthur. Wir suchen noch weitere Standorte in St. Gallen und Luzern.

An sieben Standorten wollen Sie sich auf einen Spengler oder Schild konzentrieren. Was passiert mit den frei werdenden Geschäften? ❶
Für die frei werdenden Flächen, alle an bester Einkaufslage, werden Alternativkonzepte entwickelt. Denkbar sind Konzepte im textilen oder nicht textilen Bereich.

Wie vielen Mitarbeitenden wurde wegen der Fusion gekündigt?
Bei Schild hat die Fusion zu keinen direkten Kündigungen geführt. Hingegen werden in den Spengler-Filialen, wie bereits angekündigt, aufgrund der Restrukturierung der Verkaufsprozesse 60 bis 70 Arbeitsplätze abgebaut, vor allem Spezialfunktionen an der Kasse, am Packtisch und im Filiallager. Für alle Betroffenen besteht ein Sozialplan.

Ihre große Herausforderung bleibt: Wie wollen Sie aus der Verlustzone kommen? ❷
Der Bekleidungsmarkt dürfte sich auch in den nächsten Jahren seitwärts bewegen. Hier ist nicht viel zu erwarten. Als Schild

❶ *das Interview kommt auf die Fusion zurück: Erörterung der Folgen des Zusammenschlusses*
❷ *detaillierte Informationen über den Zweck der Fusion kommen zu spät*

Und wie?
Wir haben neue junge Marken ins Sortiment aufgenommen und passen unsere Läden an. Im Zürcher Hauptgeschäft machen wir zum Beispiel mit unserem neuen Laden 40 Prozent mehr Umsatz als vor dem Umbau. Hier ist der neue Schild bereits Realität.

Schild besitzt für die Schweiz die Franchising-Rechte der spanischen Marke Mango. Bewährt sich diese Marke?
Leider nein. Wir mussten einen Umsatzrückgang hinnehmen.

Warum?
In den letzten 15 bis 20 Jahren ist das modische Billigsegment rasant gewachsen. Jetzt haben wir auch hier eine Sättigungsgrenze erreicht. Zudem hatte Mango interne Probleme, was sich auch auf die Kollektion 2004 auswirkte.

Werden Sie trotzdem neue Mango-Geschäfte eröffnen, und wo?
Ja, im März in Winterthur. Wir suchen noch weitere Standorte in St. Gallen und Luzern.

Wann schreibt Schild schwarze Zahlen?
In den nächsten beiden Jahren erwarten uns noch hohe Restrukturierungskosten. Bis zum Jahr 2007 sollten wir aber so weit sein, ein positives Ergebnis präsentieren zu können.

Ihre Eigenkapitalquote blieb trotz des Zukaufs von Spengler stabil bei rund 70 Prozent. Haben Sie Spengler eigentlich gratis bekommen?
In dieser Branchensituation ist klar, dass keine Spitzenpreise bezahlt werden. Zusätzlich mussten die Aufwendungen für die Restrukturierungen aufgerechnet werden.

haben wir zwei Möglichkeiten. Erstens wird uns die Fusion Einsparungen in Millionenhöhe bringen. Wir lagern beispielsweise die Logistik aus und können IT- sowie weitere zentrale Kosten in Relation zum Warenertrag massiv senken. Zweitens möchten wir über wertige Marken die Preise langfristig etwas erhöhen. Das heißt, wir wollen ein leicht teureres Sortiment in den Läden. Das sind Maßnahmen, um unsere Margen zu verbessern.

Wann schreibt Schild schwarze Zahlen?
In den nächsten beiden Jahren erwarten uns noch hohe Restrukturierungskosten. Bis zum Jahr 2007 sollten wir aber so weit sein, ein positives Ergebnis präsentieren zu können.

Ihre Eigenkapitalquote blieb trotz des Zukaufs von Schild stabil bei rund 70 Prozent. Haben Sie Spengler eigentlich gratis bekommen?
In dieser Branchensituation ist klar, dass keine Spitzenpreise bezahlt werden. Zusätzlich mussten die Aufwendungen für die Restrukturierungen aufgerechnet werden.

2002 hatte Schild-Patron Peter Schild 21 Standorte an die Hardturm Immobilien verkauft und einen dreistelligen Millionenbetrag gelöst. Wie viel Geld haben Sie als Startkapital erhalten?
Wir haben von den ehemaligen Eigentümern einen Betrag an die zu erwartenden Restrukturierungskosten mit auf den Weg bekommen.

Wenn die Restrukturierungsphase abgeschlossen ist: Wie viel wird von diesem Geld noch übrig bleiben?
Genug, um auch im Zukunft eine aktive Rolle im Schweizer Textilmarkt spielen zu können.

[Aus: Tages-Anzeiger, 17.1.2005]

2002 hatte Schild-Patron-Peter Schild 21 Standorte an die Hardturm-Immobilien verkauft und einen dreistelligen Millionenbetrag gelöst. Wie viel Geld haben Sie als Startkapital bei Ihrem Management Buy-out erhalten?
Wir haben von den ehemaligen Eigentümern einen Betrag an die zu erwartenden Restrukturierungskosten mit auf den Weg bekommen.

Wenn die Restrukturierung abgeschlossen ist: Wie viel wird von diesem Geld noch übrig bleiben?
Genug, um auch in Zukunft eine aktive Rolle im Schweizer Textilmarkt spielen zu können.

Im Oktober 2004 übernahm Schild die 18 Filialen von Spengler. Die treibende Kraft hinter der Fusion ist Meinrad Fleischmann. Der 43-jährige HSG-Ökonom hatte zusammen mit einem vierköpfigen Managementteam im August 2003 die Aktien der Gruppe von der Familie Schild übernommen. Fleischmann ist passionierter Marathonläufer und führt Schild seit drei Jahren. Vorher leitete er ABM und den Herren-Globus.

Kommentar

Der Vorspann führt ins Thema ein. Er steuert die Erwartung der Leserin, mit der sie in den Text einsteigt.

In diesem Beispiel verspricht der Vorspann eine Erklärung dafür, weshalb der Zusammenschluss zweier Modehäuser noch keine Früchte trägt und wie der CEO dies ändern will. Das Interview erfüllt diese Erwartung, allerdings sehr spät. Zuvor werden zwei ganz neue Themen gesetzt: In den einleitenden Abschnitten kommen die Krise der Bekleidungsbranche und ein weit zurückliegendes Management Buy-out zur Sprache. Über die angeblich verpatzte Fusion hat man bis dahin noch nichts erfahren.

Da hilft auch die erste Interviewfrage nicht weiter, die dem Warum der Hochzeit auf den Grund geht. Erst in der Mitte des Interviews vernimmt der Leser endlich, was ihm im Vorspann versprochen worden ist.

Der Text setzt mehrfach an, um zum thematischen Kern vorzustoßen, bringt dabei jedoch Neues ins Spiel, das den Blick aufs Ziel verstellt. Vorspann, Einleitung und erster Frageblock knüpfen denn auch nicht präzise aneinander an. Wer als Leser wissen will, wie der Modeunternehmer selbst seine Lage einschätzt, muss sich gedulden. Von manch einem (Schnell-)Leser ist das zu viel verlangt.

Setzen Sie die Etappen-Technik immer dann ein, wenn Sie beim Schreiben nicht weiterkommen.

So stellen Sie sicher, dass Sie genau dort fortfahren wo Sie aufgehört haben und widerstehen der Versuchung, immer wieder neu anzufangen.

Tipp

Ziehen Sie den Schreibfluss durch, indem Sie immer nur die letzten zwei Sätze lesen, um nach einer Pause wieder einzusteigen. So garantieren Sie, dass Sätze und Abschnitte geradlinig miteinander verbunden sind.

In dem vorliegenden Verbesserungsvorschlag führt die Etappen-Technik vom Vorspann über eine kurze Einleitung ins Interview; und zwar zur ursprünglichen Frage 10 nach dem Verlauf der Fusion. Die Frage nach den Sofortmaßnahmen schließt daran an. Nach dieser Engführung der Perspektive wird auf die Ertragslage der beiden Fusionspartner geschwenkt und dies mit der Frage abgeschlossen, ob Spengler überhaupt der richtige Fusionspartner gewesen sei. Die Antwort, dass durch den Zusammenschluss Kosten gespart werden können, führt direkt zum nächsten Frageblock nach allfälligen Ladenschließungen und bevorstehendem Personalabbau. Dann geht es um die zukünftige Strategie. Zum Schluss will der Interviewer wissen, wie viel der Kauf von Spengler gekostet hat und ob die anstehende Restrukturierung für Schild finanziell verkraftbar sei. Auf diese Weise schließt jeder Frageblock an den vorherigen an.

Die dem Interview vorgelagerte Einleitung wird in der überarbeiteten Version auf das Wesentliche verknappt. Die Hintergrundinformationen zur Person des Interviewten werden in einen Kasten ausgelagert. So stehen sie dem Leseflus nicht im Weg.

MEINE LIEBE
FREUNDIN,
ICH WEISS
NICHT MEHR
WEITER
Mailbox
Nico

5.2 Die E-Mail-Technik

Mailen Sie einem Freund, wenn Sie gerade nicht weiterkommen beim Schreiben; sagen Sie einfach ihm, was Sie eigentlich im Text sagen wollten.

Öffnen Sie ein neues File, am besten in Ihrem E-Mail-Programm. Mailen Sie Ihrem Freund, Ihrer Freundin in Mundart oder in einer Fremdsprache, was Sie gerade tun: was Sie in Ihrem Text bereits gesagt haben, was Sie noch sagen wollen, wieso Sie jetzt nicht weiterkommen: *„Ich schreibe hier gerade über Thema X, und jetzt will ich eigentlich sagen, dass …“*

Schreiben Sie Ihre Mail in einem Zug durch. In Mails darf man Fehler machen; und Mails schreibt man schnell, man spricht sie in die Tasten. Schauen Sie also nicht zurück, lesen Sie keine Zeile nach, schludern Sie frohgemut hin, was Sie sagen wollen. Nicht druckreif schreiben sollen Sie hier, sondern sich den Ärger zügig von der Seele reden. Erst wenn die Mail fertig ist, übersetzen Sie den ganzen Gedankenbogen in Ihren anderen, gültigen Text.

Wieso können Sie in der Mail plötzlich sagen, was Sie eigentlich sagen wollten, und dies einfach, geradlinig, präzis? Mit dem Wechsel in eine unkomplizierte Kommunikationssituation haben Sie Ihren inneren Zensor ausgeschaltet, die Instanz, der im gültigen Text nichts gelungen genug war und die darum jeden Ansatz von Gedankenfluss sofort kritisch stoppte. Die neue Sprache lädt Sie ein, neu und einfach mitzuteilen, was Sie vorher mühsam und vertrackt zu formulieren versuchten.

Original

Sehr geehrte Damen und Herren,

2002 war weltweit ein Jahr der Ungewissheit, vielerorts mit Währungskrisen, Konjunkturrückgängen, anhaltenden Handelsstreitigkeiten und politischen Unwägbarkeiten. ❶ Vielleicht war es gerade deshalb ein guter Prüfstein für die Strategie von Nestlé ❷, das globale Nahrungsmittelunternehmen schlechthin zu sein. Mit Genugtuung weisen wir für 2002 eine Zunahme des Betriebsergebnisses ❸ vor Zinsen, Steuern und Abschreibungen auf Goodwill (EBITA) um 9,5 % aus. Dabei zogen die Margen auf 12,3 % (2001: 11,8 %) an und der Umsatz um 5,3 % auf CHF 89,2 Milliarden, ungeachtet des Einflusses der Wechselkurse. ❹ Bei konstanten Wechselkursen stieg der Umsatz um 13 %.

Das organische Wachstum, einer der wichtigsten Richtwerte unserer Umsatzleistung, erreichte 4,9 %. Das spricht für die Stärke unserer Marken, den Erfolg unserer marken- und vertriebskanalspezifischen Innovationsprogramme und die fortlaufende Renovation unseres bestehenden Portfolios. Das interne Realwachstum und die Preise, beide Teile des organischen Wachstums, nahmen um 3,4 % bzw. 1,5 % zu. ❺

Ebenfalls Einfluss ❻ auf das Umsatzwachstum hatten Akquisitionen und Veräußerungen sowie die Wechselkurse.

❶ *vernebelnde Syntax*
❷ *unpräzise Metapher*
❸ *gespreizter Ausdruck*
❹ *Nominalisierung*
❺ *Einfaches kompliziert gesagt*
❻ *Nominalisierung*

Verbesserungsvorschlag

Sehr geehrte Damen und Herren,

2002 war weltweit ein Jahr der Ungewissheit. Währungskrisen, schwache Konjunktur, anhaltende Handelsstreitigkeiten und politische Unwägbarkeiten machten vielen Ländern zu schaffen. Vielleicht war 2002 gerade deshalb ein aussagekräftiger Test für unser Ziel, das globale Nahrungsmittelunternehmen schlechthin zu werden. Wir freuen uns, dass 2002 das Betriebsergebnis vor Zinsen, Steuern und Abschreibungen auf Goodwill (EBITA) um 9,5 % gestiegen ist. Dabei erhöhten sich die Margen auf 12,3 % (2001: 11,8 %), und der Umsatz stieg wechselkursbereinigt um 5,3 % auf CHF 89,2 Milliarden. Bei konstanten Wechselkursen steigerte sich der Umsatz um 13 %.

Das organische Wachstum betrug 4,9 %. Es setzt sich aus dem internen Realwachstum (3,4 %) und der Preisentwicklung (1,5 %) zusammen. Diese Kennzahl ist einer der wichtigsten Indikatoren unserer Umsatzleistung. Das eindrückliche Wachstum zeigt, wie stark unsere Marken sind. Und es beweist, dass wir unser Portfolio und unsere Vertriebskanäle erfolgreich erneuert haben.

Im Umsatzwachstum niedergeschlagen haben sich Akquisitionen, Veräußerungen und die Wechselkurse. Am positivsten auf den Umsatz wirkte sich die Übernahme von Ralston Purina aus, die im Dezember 2001 abgeschlossen wurde.

Am positivsten wirkte sich die Übernahme von Ralston Purina aus, die im Dezember 2001 abgeschlossen wurde. Negativ beeinflusste den Umsatz dagegen die Stärke des Schweizer Frankens, da wir unsere internationalen Verkäufe jeweils in Schweizer Franken umrechnen müssen, was den Umsatz schmälerte. ❶ Insgesamt trugen die um Veräußerungen bereinigten Übernahmen 8,4 % zum Umsatz bei, während der Währungseffekt eine Reduktion um 8 % bewirkte.

Unser EBITA stieg um 9,5 % auf CHF 10,9 Milliarden. Die verbesserte EBITA-Marge von 12,3 % zeigt nicht nur, dass sich Nestlé auf verändernde Marktbedingungen einzustellen versteht, ohne von der Fokussierung auf die Triebkräfte der Rentabilität abzuweichen, sondern auch, dass ihre Margen selbst stärksten Wechselkursbewegungen standhalten. ❷ Unser Reingewinn stieg um 13,2 % von CHF 6,7 Milliarden auf CHF 7,6 Milliarden, und die Nettogewinnmarge nahm von 7,9 % auf 8,5 % zu. Der Gewinn pro Aktie stieg um 13,1 % von CHF 17.25 auf CHF 19.51. Verschiedene nicht wiederkehrende Ereignisse beeinflussten diese Zahlen, wozu auch die Erlöse aus dem teilweisen Börsengang unseres Augenheilgeschäftes Alcon und dem Verkauf unseres Aromengeschäftes Food Ingredients Specialities zählen, aber auch die Kosten im Zusammenhang mit Restrukturierungen sowie Wertberichtigungen bei Goodwill und Sachanlagen. Reingewinn und Gewinn pro Aktie sind daher, unter sonst gleichen Umständen, ein ungenauerer Spiegel als die verbesserte EBITA-Marge, um den Geschäftsgang 2002 mit dem des Vorjahres zu vergleichen. ❸ […]

[Aus: Nestlé-Geschäftsbericht 2002]

❶ *redundant*
❷ *komplizierte Syntax, sperrige Nominalisierungen*
❸ *komplizierte Syntax; Kompliziertes kompliziert gesagt*

Insgesamt trugen die um Veräußerungen bereinigten Übernahmen 8,4 % zum Umsatz bei. Belastend wirkte hingegen der starke Schweizer Franken. Denn Nestlé ist verpflichtet, die Erlöse aus dem internationalen Geschäft in Schweizer Franken auszuweisen. Der Währungseffekt reduzierte den Umsatz um 8 %.

Das EBITA stieg um 9,5 % auf CHF 10,9 Milliarden. Die EBITA-Marge verbesserte sich auf 12,3 %. Wir haben damit bewiesen, dass wir uns angemessen auf Marktveränderungen einstellen und dabei die Rentabilität stets im Auge behalten können. Selbst stärksten Wechselkursschwankungen hielten unsere Margen stand. Unser Reingewinn stieg um 13,2 % von CHF 6,7 Milliarden auf CHF 7,6 Milliarden; die Nettogewinnmarge nahm von 7,9 % auf 8,5 % zu. Der Gewinn pro Aktie erhöhte sich um 13,1 % von CHF 17.25 auf CHF 19.51. Verschiedene nicht wiederkehrende Ereignisse beeinflussten diese Zahlen. Dazu zählen Erlöse aus dem partiellen Börsengang des Augenheilgeschäftes Alcon und aus dem Verkauf des Aromengeschäftes Food Ingredients Specialities. Hinzu kommen die Kosten im Zusammenhang mit Restrukturierungen, Wertberichtigungen bei Goodwill und Sachanlagen. Deshalb empfiehlt es sich, für einen Vergleich mit dem Vorjahr nicht die Kennzahlen Reingewinn und Gewinn pro Aktie beizuziehen. Genauer und aussagekräftiger ist das Gegenüberstellen der EBITA-Margen.
[...]

Kommentar

Ein detailgetreues Bild des Betriebsergebnisses abzugeben, ist das A und O der Textsorte „Aktionärsbrief“. Zahlen, Daten, Fakten sind zu transportieren und zugleich deren Interpretation – und dies für ein scharf umrissenes Publikum. Um bei der Textarbeit nicht auf Abwege zu geraten, muss man sich über diese Vorgaben vorab im Klaren sein. Unterwegs zum guten Text befindet sich aber erst, wer versteht, das so abgesteckte Feld auch flexibel zu bespielen.

Natürlich ist bereits die korrekte Versprachlichung komplexer betriebswirtschaftlicher Daten aufwändig. Ist das geschafft, kommt es aber darauf an, diese verständlich zu vermitteln. So macht der Schreibende die Pflicht zur Kür, den nüchternen Sachtext zum attraktiven und zugänglichen Lesestück. Die Leser dürften dann viel weniger dazu neigen, den Text zu überfliegen und dabei vielleicht wertvolle Information zu verpassen.

Benutzen Sie die E-Mail-Technik, wenn Sie komplizierte Sachverhalte und Vorgänge sprachlich vereinfachen wollen. So vermeiden Sie einen seelenlos-bürokratischen Stil und bringen Ihre Botschaften verständlich an Ihr Publikum.

Dies gelingt grundsätzlich am besten, wenn Nominalisierungen, Passiv- und Infinitivkonstruktionen vermieden und komplizierte Schachtelsätze aufgelöst werden. Ein solcher Text ist sprachlich einfach und bietet ein Mindestmaß an Verständlichkeit.

Simulieren Sie eine unkomplizierte Kommunikationssituation: Schreiben Sie eine E-Mail an eine gute Freundin, an einen guten Freund – und Sie verzichten praktisch automatisch auf sperrige Formulierungen.

Tipp

Sie müssen die Bedeutung des organischen Wachstums und die Aussagekraft der EBITA-Marge im Vergleich zu Reingewinn und Gewinn pro Aktie erläutern.

Schreiben Sie Ihre Gedanken in umgangssprachlichem Ton im E-Mail-Format – und klären Sie während des entspannten Schreibens die genauen Bezüge.

> „Hallo, schreibe gerade den Aktionärsbrief und überlege, wofür das Wachstum von 4,9 % überhaupt steht. Es zeigt sicher einmal, dass unsere Marken Power haben. Dass wir nicht stehen bleiben, sondern neue Wege suchen, um unsere Produkte an den Mann zu bringen. Dabei sind wir ganz schön erfolgreich. Schließlich sind 4,9 % ein anständiger Zuwachs. Und der ist nicht nur durch höhere Preise zustande gekommen. Das interne Realwachstum nahm nämlich stärker zu als die Preise. Damit ist klar, dass wir nicht nur teurer geworden sind, sondern auch unsere Produkte besser verkauft haben. Und das haben wir dank neuen Verkaufskanälen und Produkten geschafft ... Dann ist da noch die Sache mit dem Reingewinn. Er ist stark beeinflusst von Dingen, die nicht jedes Jahr passieren – etwa vom Börsengang von Alcon und dem Verkauf von Food Ingredients. Wer jetzt den Reingewinn oder den diesjährigen Gewinn pro Aktie mit dem letzten Jahr vergleicht, der kommt zu keinem aussagekräftigen Ergebnis. Denn im letzten Jahr ist ja weder Alcon an die Börse gebracht worden noch Food Ing. verkauft worden. Da ist es viel gescheiter, die EBITA-Margen zu vergleichen, denn die bleiben unbeeinflusst von solchen Ereignissen. Also: will man wissen, wie gut Nestlé gewirtschaftet hat, muss man die EBITA-Margen nebeneinander stellen."

Nun können Sie die umgangssprachliche Mail dem Stil eines Aktionärsbriefs anpassen. Die schnörkellose, gradlinige Sprache aber, zu der Sie eben erst gefunden haben, behalten Sie bei.

ER KANN SEINE EIGENE SCHRIFT NICHT LESEN – DAS IST ES....
UND NUN: SCHREIB BEI DIR AB!
Nico

5.3 Die Abschreib-Technik

Tippen Sie Ihren Text ab. Trotz Computer: Wenn jedes Wort stimmen soll, schreiben Sie Ihren eigenen Text ab.

Drucken Sie den fertigen Text aus, lesen Sie ihn durch, korrigieren Sie ihn auf Papier, und machen Sie kurz Pause. Dann legen Sie das Papier links oben neben die Tastatur, öffnen ein neues File und schreiben ab, was Sie schon mal geschrieben haben – wie mit der alten Schreibmaschine. Tippen Sie rasch, flüssig, sprechen Sie mit Genuss in die Tasten.

Natürlich kleben Sie nicht am Wortlaut, sondern lesen in der Vorlage ganze Sätze und formulieren sie dann mit Blick auf das neue Typoskript aus dem Gedächtnis. Widerstehen Sie der Versuchung, Passagen zu überspringen, in denen Sie nichts ändern wollen.

Wieso formulieren Sie beim vermeintlich sturen Abschreiben Übergänge geschmeidiger, wieso fällt Ihnen jetzt endlich genau die Wendung ein, nach der Sie vorher vergeblich gesucht haben? Entspanntes Abschreiben ist ökonomisches, intuitives Überarbeiten in der Leserichtung. Weil die grobe Arbeit gemacht ist, nutzen Sie nun Ihre ganzen Ressourcen dafür, die Sprachoberfläche zu polieren. Und weil Sie alles neu schreiben und nicht bloß lesen, wirft Sie eine Neuformulierung nicht aus dem Gedankenfluss, die Assoziationsfäden reißen beim Korrigieren nicht ab.

Original

Golf-Strategie für Manager

Das klingt alles ganz interessant, ja sogar einleuchtend. Zwei Autoren, beide Hobby-Golfer und Managementexperten, beschreiben in 18 Kapiteln, analog zu 18 Löchern eines Golfplatzes, wie sich die Regeln des Sports mit Schläger und Ball und die strategischen Erkenntnisse aus diesem Spiel auf die Welt der Wirtschaft übertragen lassen. ❶ Manfred Schwarz und Jürgen Wulfestieg erläutern ❷ in „Drive. Die Golf-Strategie für Manager" anhand von Regeln, Taktiken und Spielszenen, weshalb Führungskräfte viel von Golfern lernen können. Die Anforderungsprofile seien vergleichbar. Und wenn der legendäre Profi Ben Hogan einst feststellte, Golf sei zu 20 % Talent und zu 80 % Management, ist das Wasser auf die Mühle der Autoren. ❸

Im strategisch anspruchsvollen Spiel geht es darum, sich selber Ziele zu setzen und den besten Weg dorthin zu finden. Der Umgang mit Hindernissen kommt häufig vor. ❹ Kreative Lösungen sind gefragt. Innert nützlicher Frist sind Entscheidungen zu treffen, Abläufe zu definieren und zu organisieren. Der Umgang mit Stresssituationen ist eine Selbstverständlichkeit. So weit, so plausibel. Zum Teil erzielen die Beispiele […] indes einen Schmunzeleffekt – gewollt oder ungewollt. ❺ An den Haaren herbeigezogen kommen ihm Vergleiche mitunter vor. Wenn's dann noch heißt, wer in der Arbeit stecken bleibe, gönne sich am besten eine Runde Golf, fragt man sich, wann ein vielbeschäftigter Manager Zeit finden soll, sich auf dem Golfplatz zu entspannen. ❻

[Neue Zürcher Zeitung, 17.12.2004]

❶ *komplizierte Syntax*
❷ *flau*
❸ *Zitat zu wenig mit Argumentation verwoben*
❹ *Stakkato; zu wenig elaboriert*
❺ *unübliche Wortwahl*
❻ *umständlich, verwirrende Häufung von Pronomen*

Verbesserungsvorschlag

Golf-Strategie für Manager

Das klingt alles ganz interessant, ja sogar einleuchtend. Zwei Autoren, beide Hobby-Golfer und Managementexperten, übertragen in 18 Kapiteln die strategischen Erkenntnisse aus dem 18-Loch-Spiel auf die Welt der Wirtschaft. Manfred Schwarz und Jürgen Wulfestieg kommen in ihrem Buch „Drive. Die Golf-Strategie für Manager" zum Schluss, dass Führungskräfte viel von Golfspielern lernen können. Um das zu belegen, analysieren sie Regeln, Taktiken und konkrete Spielszenen rund um den Sport mit Eisen, Holz und dem kleinen weißen Ball. Die Anforderungsprofile seien durchaus vergleichbar, lautet ihr Fazit.

Denn im strategisch anspruchsvollen Spiel gehe es darum, sich selber Ziele zu setzen und elegant umzusetzen. Häufig stehen dem jedoch Hindernisse im Weg. Dann sind kreative Lösungen gefragt. Innert nützlicher Frist sind Entscheidungen zu treffen, Abläufe zu definieren und zu organisieren. Stress ist des Golfers täglich Brot; der richtige Umgang damit ein Erfolgsfaktor. Diese Sicht verträgt sich bestens mit einem Zitat des legendären Profis Ben Hogan. Der soll doziert haben, Golf sei nur zu 20 % Talent, zu 80 % Management. So weit, so plausibel.

Bei einigen Fallbeispielen kann sich der Leser ein Schmunzeln allerdings nicht verkneifen. Und an den Haaren herbeigezogen kommen ihm mitunter manche Vergleiche vor. Spätestens stutzig aber wird er beim Tipp, sich immer dann auf den Golfplatz zu verziehen, wenn die Arbeit stockt. Wie ein vielbeschäftigter Manager dies bewerkstelligen soll, bleibt ein Rätsel.

Kommentar

Von einer Buchkritik erwartet man eine präzise Inhaltsangabe. Außerdem soll klar werden, was der Rezensent von dem Text hält. Unser Beispiel bringt beide Botschaften gut auf den Punkt. Schon der Einstieg deutet die Stoßrichtung des Urteils an: ein interessantes, aber nicht ganz überzeugendes Buch. Dann wird dessen Leitidee skizziert: Golfer und Manager könnten dieselben Strategien nutzen. Doch hier drohen schnelle Leser bereits den Faden zu verlieren. Denn diese Quintessenz kommt syntaktisch verflochten daher: mit zwei Einschüben und dem Mehr-Wort-Subjekt „die Regeln des Sports mit Schläger und Ball“ (diese Definition trifft notabene auch auf andere Sportarten zu). Das Subjekt wird beim ersten Lesen rasch einmal zu einem Dativobjekt und schon gerät der Lesefluss ins Stocken.

Im zweiten Abschnitt führt die Besprechung aus, wie die behauptete Analogie sich manifestiert. Die vergleichbaren Elemente werden im Stakkato aufgezählt; miteinander verbunden werden sie kaum. Als Finale mit einem raffinierten Steigerungseffekt dann die persönliche Wertung. Schade nur, dass der letzte Satz, der das Urteil auf die Spitze treibt, etwas umständlich konstruiert ist: Die unpersönlichen Pronomen „es“, „wer“ und „man“ und das drei Mal gesetzte Reflexivpronomen „sich“ nehmen der Kritik den Drive.

Überprüfen Sie mit der Abschreib-Technik, ob Ihre Satzpfeile genügend treffsicher auf das gedankliche Ziel lossteuern.

Das Memorieren zeigt, ob Sie Ihre Sätze frei aus dem Gedächtnis nachsprechen können. Wenn nicht, vereinfachen Sie ihn automatisch beim Abschreiben. Jetzt müssen Sie nicht mehr über Inhalte nachdenken und können ganz in den Schreibfluss einsteigen. So werden auch die Übergänge zwischen den Sätzen und Gedanken geschmeidiger.

Formulieren Sie eine zweite Version Ihres Textes.

Diese zeichnet sich in unserem Beispiel durch einen einfacheren Einstieg aus. Der Einschub „analog zu 18 Löchern eines Golfplatzes“ fällt mit den „Erkenntnissen aus dem 18-Loch-Spiel“ zusammen. Auf diese Weise ist auch die Wendung „Sport mit Schläger und Ball“ überflüssig geworden. Sie kommt, zusätzlich präzisiert, weiter unten zum Zug. Beim Abtippen wird dann das etwas bürokratische „erläutern … anhand von“ zugespitzt: Die Autoren „kommen“ nun „zum Schluss“, dass Manager von Golfern lernen können. Der nächste Satz belegt diese Folgerung. Die Meinung der Autoren, dass die Anforderungsprofile von Golfern und Managern vergleichbar seien, wird in der neuen Textlogik schließlich zum Fazit der Argumentation.

Durch erneutes Schreiben werden die Elemente der Aufzählung zudem enger miteinander verwoben und wird die trockene Feststellung „Umgang mit Stress-Situationen ist eine Selbstverständlichkeit“ plastischer. Überdies wird die Berufsweisheit der Golflegende augenfälliger mit dem Text verzahnt. Und frei von der Leber weg formuliert findet sich das finale Urteil nun in zwei kürzeren Sätzen – überblickbar und auf Anhieb einleuchtend.

6 Den Text überdenken

Schreibphase IV

6.1 Die Partitur-Technik

Notieren Sie Ihren Text im Kopf als mehrstimmige Partitur; überprüfen Sie die Einsätze der Hauptstimmen vor dem geistigen Auge grafisch.

Ziehen Sie nach dem Schreiben so viele waagerechte Linien untereinander, wie Stimmen in Ihrem Text auftreten. Die Stimmen gehören etwa Ihnen als Moderator, weiter Betroffenen, Expertinnen plus dem Gesetzestext im Wortlaut. Gliedern Sie die Partitur mit senkrechten Strichen analog den Hauptabschnitten Ihres Textes. Tragen Sie nun ein, welche Stimme wann spricht. Gelingt Ihnen dies ohne Papier und ohne Nachschauen im Text, also allein vor dem geistigen Auge?

Kriegen Sie die Partitur im Kopf nicht zusammen, prüfen Sie die dramaturgische Konstruktion auf Papier: Vielleicht haben Sie zu viel Personal eingebaut oder spannende Gegenstimmen fehlen; Spieler treten kurz nach vorn und stehen dann unbeschäftigt auf der Textbühne herum, andere tauchen uneingeführt plötzlich auf. – Kurz, die Stimmen sind nicht von Anfang bis zum Schluss logisch gegeneinander gesetzt, die Konstruktion ist nicht plastisch genug und muss überarbeitet werden.

Wieso sollten Sie sich nach dem Schreiben die Textpartitur vorstellen können? Im Kopf wird jeder Text als mentales Modell gespeichert, als räumliche, szenische Vorstellung des Beschriebenen. Ein übersichtliches Zusammenspiel der Akteure motiviert zum Weiterlesen und erleichtert Verstehen und Behalten. Fällt es sogar Ihnen schwer, das Stimmenspiel zu überblicken, wird auch Ihr Publikum Mühe haben, das Geschehen auf der Textbühne zu verfolgen.

Original

Ricola fördert den Holunderanbau in der Schweiz

2.500 Holunderbäume werden jetzt gepflanzt ❶

Ricola will den Anteil am inländischen Holunder in ihren Produkten erhöhen. Da es jedoch zu wenig Holunderpflanzen in der Schweiz gibt, fördert das Laufener Familienunternehmen gezielt den Holunderanbau. ❷ „Wir begrüßen das Engagement von Ricola außerordentlich", sagte Josef Wüest, Vizedirektor des Schweizerischen Bauernverbandes (SBV), an einer Medienkonferenz in Grünenmatt BE, mit der heute der Startschuss zum Anbau von 2.500 neuen Holunderbäumen gegeben wurde. Ricola gilt als Pionier im Anbau von Kräutern. ❸

Seit über sechzig Jahren ist der Holunder Bestandteil der Original Ricola Kräuterrezeptur. ❹ Felix Richterich, CEO von Ricola: „Wir werden in der nächsten Zeit für verschiedene neue Produkte mehr Holunder benötigen. Deshalb fördern wir den Holunderanbau in der Schweiz." Als Schweizer Familienunternehmen bevorzuge Ricola für seine Kräuterspezialitäten Rohstoffe aus einheimischen Kulturen: „Da stimmt die Qualität." ❺

❶ *Oberzeile und Titel sind redundant*
❷ *zu ausführliche Exposition*
❸ *Zitat um des Zitats willen, Zusammenhang?*
❹ *Textbruch*
❺ *späte Antwort, weshalb Holunder in der Schweiz angebaut werden soll*

Verbesserungsvorschlag

Ricola setzt auf hochwertige einheimische Rohstoffe

Holunder braucht das Land

Ricola will den Anteil an einheimischem Holunder in ihren Produkten erhöhen. Da es in der Schweiz aber zu wenig Holunderpflanzen gibt, fördert das Laufener Familienunternehmen gezielt deren Anbau. An einer Medienkonferenz in Grünenmatt BE wurde heute bekannt gegeben, dass Ricola 2.500 neue Holunderbäume pflanzen lassen wird. Der Schweizerische Bauernverband begrüßt das Engagement.

Er hat's in sich, der Holunder. Schon bei den Menschen der Steinzeit gehörte die tiefblaue Beere ins Repertoire der Speisen, und immer schon wurde auch seine Heilwirkung geschätzt. Im Mittelalter war man zudem überzeugt, dass der Holunder gegen Blitz und Nachtgestalten Schutz bietet.

Jetzt noch begehrter

Unverzichtbar, und das seit über sechzig Jahren, ist der Holunder auch für die bekannte Original Ricola Kräuterrezeptur. Damit aber nicht genug. Ricola, das auf Kräuterspezialitäten ausgerichtete Familienunternehmen, setzt die vielseitige Pflanze jetzt noch breiter ein. „Wir werden in der nächsten Zeit für verschiedene neue Produkte mehr Holunder benötigen", sagt Felix Richterich, CEO von Ricola. So kommt im Januar ein Instant-Kräutertee mit Holundergeschmack auf den Markt, und im ersten Halbjahr 2002 werden Holunder-Kräuterbonbons lanciert. Als Schweizer Mittelstandsfirma, so Richterich, be-

In diesen Tagen werden in der Region Oberaargau und Emmental 2.500 neue Holunderbäume angepflanzt. ❶ Die Pflanzen befinden sich zu dieser Jahreszeit nicht mehr in der Wachstumsphase und können so optimal verpflanzt werden. Für das erste Anbauprogramm ❷ hat Ricola 18 Landwirte ausgewählt. Diese werden bereits beim Anbau und danach während dreier Jahre bis zur ersten Ernte finanziell unterstützt. Zudem wurden feste Abnahmeverträge mit einer achtjährigen Laufzeit abgeschlossen. Diese Art der Zusammenarbeit hat bei Ricola Tradition: In den Regionen Wallis, Emmental, Puschlav, Jura und Zentralschweiz bestehen seit Jahren mit rund 200 Bergbauern Partnerschaften für den Kräuteranbau. ❸

Neue Dimension für die Schweizer Landwirtschaft ❹

Landwirt Michael Kirchhofer in Grünenmatt (Emmental) baut dieses Jahr zum ersten Mal neunzig Holunderbäume der Niederstamm-Sorte Haschberg an. Kirchhofer kennt die hohen Ansprüche des Laufener Familienunternehmens: Seit vier Jahren pflanzt er für Ricola Bibernellen und Eibisch. Dieser Kräuteranbau ist für ihn ein attraktiver Zusatzverdienst ❺: „Die Erträge machen fast zehn Prozent des Jahreseinkommens aus", so Kirchhofer.

❶ *fehlende Überleitung*
❷ *gibt es mehrere Programme?*
❸ *Perspektivenwechsel auf andere Anbauprojekte lenkt ab*
❹ *zu großer Maßstab; es geht um einen Seitenaspekt der Landwirtschaft*
❺ *Haupteinkommensquelle wird nicht genannt*

vorzuge Ricola für seine Produkte Rohstoffe aus einheimischen Kulturen. „Da stimmt die Qualität", so Richterich. „Deshalb fördern wir den Holunderanbau in der Schweiz."

2.500 neue Bäume

So kommt es, dass in diesen Tagen in der Region Oberaargau und Emmental 2.500 neue Holunderbäume angepflanzt werden. Der Zeitpunkt ist ideal: Die Setzlinge befinden sich zu dieser Jahreszeit nicht mehr in der Wachstumsphase und können deshalb problemlos verpflanzt werden. Für das Anbauprogramm hat Ricola 18 Landwirte ausgewählt. Diese werden bereits beim Anbau und danach während dreier Jahre, bis zur ersten Ernte, finanziell unterstützt. Mit den Bauern wurden zudem feste Abnahmeverträge mit einer achtjährigen Laufzeit abgeschlossen.

Attraktive Nische für Schweizer Bauern

Einer von ihnen ist Michael Kirchhofer, Landwirt in Grünenmatt (Emmental). Er baut dieses Jahr zum ersten Mal neunzig Holunderbäume der Niederstamm-Sorte Haschberg an. Kirchhofer kennt die hohen Ansprüche des Laufener Familienunternehmens: Seit vier Jahren pflanzt er für Ricola Bibernellen und Eibisch. Dieser Kräuteranbau ist für ihn eine attraktive Ergänzung zur Milchwirtschaft: „Die Erträge machen fast zehn Prozent des Jahreseinkommens aus", so Kirchhofer. Bei Ricola hat diese Art der Zusammenarbeit Tradition: In den Regionen Wallis, Emmental, Puschlav, Jura und Zentralschweiz bestehen seit Jahren mit rund 200 Bergbauern Partnerschaften für den Kräuteranbau.

Die langjährige Erfahrung zeigt, dass die Qualität einheimischer Agrarprodukte im internationalen Vergleich sehr hoch ist. Überdies lässt sich die Herkunft der verwendeten Kräuter immer zurückverfolgen – beim Holunder praktisch bis zum einzelnen Baum.

Holunder – wichtiger Bestandteil der Original 13-Kräuter-Rezeptur ❶

Bei der Wahl der Rohstoffe für ihre Kräuterspezialitäten legt Ricola größten Wert auf eine gute, natürliche Qualität. Die Kräuter werden kontrolliert umweltschonend und ohne Einsatz von Herbiziden und Pestiziden gezogen. Ricola verwendet die Blüten des Schwarzen Holunders seit je in ihren Kräuterspezialitäten. Die alteingesessene Pflanze ist Bestandteil der 13-Kräuter-Rezeptur für den Ricola Schweizer Kräuterzucker. Die Rezeptur wurde 1940 von Unternehmensgründer Emil Richterich erstmals gemischt und bildet das Grundrezept jedes Ricola Kräuterbonbons, egal welcher Geschmacksrichtung. ❷

Im Januar kommt ein Instant Kräutertee mit Holundergeschmack neu auf den Markt. Der Tee ist in praktischen Portionen (Tea Sticks) abgepackt. Holunder-Kräuterbonbons werden im ersten Halbjahr 2002 lanciert. ❸

[Medienmitteilung von Ricola]

❶ *zu langer Titel*
❷ *zu umständlich, kommt nicht zum Schluss*
❸ *zu später und unvermittelter Schwenk auf neue Produkte, die Holunderanbau nötig machen*

Ein Rezept, das Epoche machte

Ricola legt größten Wert darauf, dass die Kräuter kontrolliert umweltschonend und ohne Einsatz von Herbiziden und Pestiziden gezogen werden. Stets lässt sich zurückverfolgen, von welchem Betrieb sie stammen. Die alteingesessene Pflanze ist Bestandteil der 13-Kräuter-Rezeptur für den Ricola Schweizer Kräuterzucker. Die Rezeptur wurde 1940 von Unternehmensgründer Emil Richterich erstmals gemischt und bildet die Basis der gesamten Palette von Ricola Kräuterbonbons.

Kommentar

Sänger und Schauspieler wissen: Nur der stimmige Ton zur rechten Zeit bringt das Werk zum Klingen und erst das routiniert geführte Wechselspiel der Register macht die kohärente musikalische Botschaft.

Wie Textkompositionen beim Leser ankommen und ob sie dort haften bleiben, entscheidet sich auch daran, wie gekonnt ein Autor Protagonisten, Schauplätze und Informationen in Szene setzt und diese untereinander verknüpft.

Damit sich die Einzelstimmen zum Ensemble zusammenfinden, muss jede Wortmeldung sitzen.

Genau hier aber gibt die vorliegende Presseerklärung ihre Trümpfe aus der Hand. Sie schleppt zwar einen eindrücklichen Faktenberg auf die Textbühne, macht sich aber wenig aus der Inszenierung der Details. So rutscht dem CEO des Süßigkeiten-Herstellers die Kernbotschaft des Textes (nämlich: Ricola pflügt die Schweizer Kräuterbauern-Szene um) völlig unvermittelt über die Lippen – und die Wirkung des isolierten Solos verpufft.

Ebenso ungeschickt ist der Auftritt des Bauernfunktionärs bereits in der Exposition. Sein lieblos absolviertes Statement drückt den Lesern nur die an sich legitime Absicht des Schreibers aufs Auge; nämlich die Unternehmenspolitik ins rechte Licht zu rücken. Schon mehr Effekt hingegen erzielt der Seitenblick auf den Bauern Kirchhofer. Denn seine Erklärung macht Sinn und spannt einen starken Bogen vom Pflanzer bis zum Unternehmen.

Setzen Sie die Partitur-Technik ein, um den Text zu überdenken. Überprüfen Sie grafisch, ob Schauplätze, Akteure und Themen einen überzeugenden Auftritt haben.

Tipp

Denken Sie sich das aktuelle Beispiel als ein szenisches Stück, dessen Inhalte und Stimmen als Akteure. Nun bringen Sie Ordnung in das Ganze, indem Sie die einzelnen Etappen charakterisieren und als mehrstimmige Partitur protokollieren.

Die Matrix des Originals auf der folgenden Seite 108 lässt schnell erkennen, dass der Lead mit drei Einsätzen zu schwerfällig und kleinteilig geraten ist, um das Thema sinnvoll zu exponieren. Ebenfalls augenfällig wird, dass der Vertreter des Bauernverbandes zwar im Lead seinen großen Auftritt hat, dann aber sang- und klanglos ausscheidet. Zudem wird sichtbar, dass der Anlass und zentrale Inhalt der Medienmitteilung – der Anbau von neuem Holunder in der Schweiz – im zweiten Abschnitt sowie im letzten genauer beschrieben wird. Dazwischen oszilliert der Text zwischen der Tradition von Ricola im Kräuteranbau, dem Kräuteranbau an sich und dem Beispiel des Landwirts Kirchhofer. Überlagert von all dem: die wie in den Text hinein gestanzten Sätze des CEO von Ricola im ersten Abschnitt. Sie verblassen im Verlauf des Lesens, statt im Textzusammenhang an Leuchtkraft zu gewinnen.

Die Partitur des Verbesserungsvorschlags auf der übernächsten Seite 109 macht deutlich: Hier wurde auf einen einstimmigen Auftakt und eine kurze Brücke in den Text geachtet. Mit einem betont knappen historischen Anriss über die Holunderpflanze wird die Pflanzaktion von Ricola in einen weiteren Kontext eingebettet, das Thema setzt quasi neu ein. Im zweiten und dritten Abschnitt dann betreten die aktuelle Holunderkampagne, der CEO von Ricola und die Tradition des Unternehmens die Textbühne. Nun ist das Wichtigste gesagt. Was jetzt noch folgt, sind Exemplifikation und Hintergrundinformationen. Wie jede gute Medienmitteilung bringt auch dieser Text die zentralen Botschaften am Anfang, um danach das Thema in Ruhe zu vertiefen.

	Lead	1. Abschnitt	2. Abschnitt	3. Abschnitt	4. Abschnitt	Schluss
Holunder-Aktion von Ricola	X X		X			X
Schweizer Bauern-verband	X					
Ricolas Tradition		X	X		X	
CEO von Ricola		X				
Landwirt Kirchhofer				X		
Kräuteranbau in CH				X		

Partitur Original

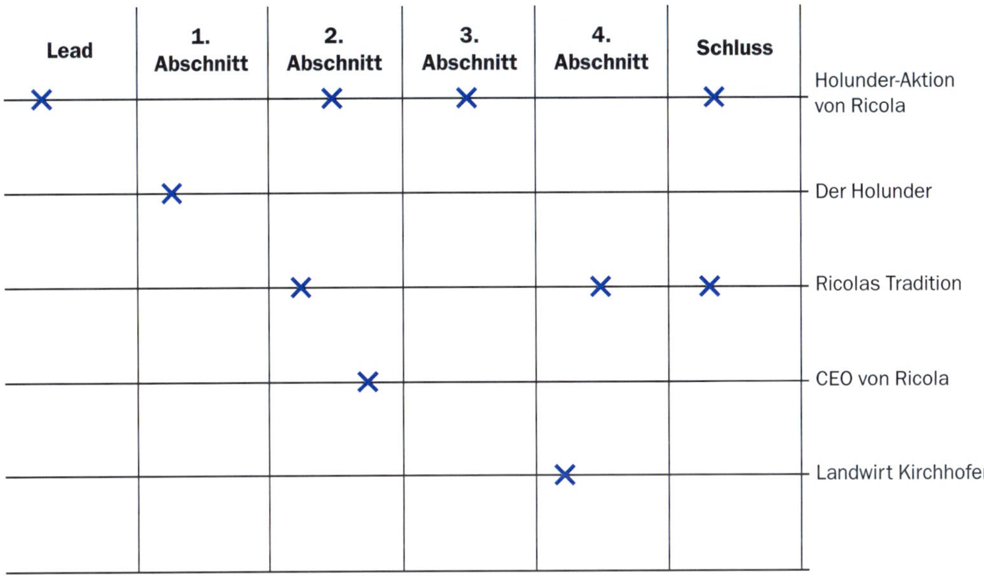

Partitur Verbesserungsvorschlag

F ƎHLT
DORT EIN TƎ
EIN BU HSTABE,
EIN , EIN ÜBER-
GANG - ER Ä ZT IHN
XTTEIL
C
WORT
G N

6.2 Der Typo-Test

Verwandeln Sie die Textgestalt vor dem Nachlesen und nehmen Sie endlich wieder wahr, was dasteht.

Ändern Sie Schriftstil, Zeichengröße, Zeilenabstand und Spaltenbreite: die 11-Punkt-Times zur 15-Punkt-Helvetica, den automatischen zum doppelten Zeilenabstand, die volle Zeilenbreite auf die halbe. Jetzt drucken Sie den Text aus und wechseln den Ort zum Nachlesen. Fremder könnte Ihnen Ihre Sprache direkt nach dem Schreiben nicht sein: Aus der Grotesk-Schrift spricht beim Lesen eine andere Stimme als aus der Antiqua, der raschere Zeilenumbruch beschleunigt den Sprachrhythmus, Tippfehler stechen Ihnen ins Auge, Sinnlücken fallen auf, die Sie vorher ständig überlesen haben.

Es reicht also nicht, den Text nur auszudrucken, um ihm neu zu begegnen. Umgekehrt ist es nicht nötig, jeden Text vor dem Nachlesen erst mal zur Seite zu legen; schon ein Gestaltwechsel schafft Distanz.

Wieso lesen Sie Ihren Text in neuer Aufmachung mit anderen Augen? Sie lesen ihn, überspitzt gesagt, erst so überhaupt wieder mit den Augen. Beim Brüten über dem Text hat Ihr Hirn gelernt, mit den Zeichengestalten am Bildschirm das zu verbinden, was Sie meinen. Dieses Gemeinte, der Text im Kopf, wird durch die vertrauten Zeichen ausgelöst. Es schiebt sich vor den Text auf dem Papier. Fehlt dort ein Textteil – ein Buchstabe, ein Wort, ein Übergang –, ergänzt ihn das Hirn aus dem Text im Kopf, ohne dass Sie es merken. Erst mit der neuen Zeichengestalt verbleicht die alte innere Vorstellung vom Text; Sie lesen wieder, was dasteht.

Original

Bericht über die Leserumfrage zur Mitarbeiterzeitung „Contact“

Der Bericht fasst die wichtigsten Ergebnisse und Empfehlungen der Leserumfrage zur Mitarbeiterzeitung „Contact“ zusammen, die in einer schriftlichen Umfrage Mitte 2002 erhoben worden sind. ❶ An der Umfrage beteiligt haben sich 1.132 MitarbeiterInnen (Rücklaufquote von 23,1 %). Die detaillierten Ergebnisse sind im Anhang aufgeführt.

1. Leserfreundlichkeit
74,1 % der Intervieten ❷ empfinden den „Contact“ als „sehr leserfreundlich“. Trotzdem monieren 25,2 %, dass die Orientierung im Heft schwierig sei. ❸ Durchschnittlich werden 15 Minuten Zeit für die Lektüre einer Ausgabe aufgewendet. Dies spricht für ein stark selektives Lesen. ❹

Damit sich die Leser besser im Heft orientieren können, sollten die folgenden Änderungen bedacht werden:

- Alle Beiträge müssen einer Rubrik zugeordnet sein.
- Hauptbeitrag kenntlich machen: Titelbild nimmt bezug ❷ auf Hauptbeitrag und unterscheidet sich bezüglich Länge und Bedeutung des Themas klar von Artikeln der Rubrik „Aktuell“.
- Journalstische ❷ Aufbereitung der Beiträge durch Titel, Lead und Zwischentitel.

❶ *falscher Bezug: Ergebnisse und Empfehlungen vermengt*
❷ *Tippfehler*
❸ *konzessives Adverb „trotzdem“ verweist auf nicht bestehenden Bezug*
❹ *fehlende Begründung für diesen Befund*

Verbesserungsvorschlag

Bericht über die Leserumfrage zur Mitarbeiterzeitung „Contact"

1. Ziel des Berichts

Der Bericht fasst die wichtigsten Ergebnisse der Mitte 2002 durchgeführten Leserumfrage zusammen und gibt Empfehlungen für die Weiterentwicklung der Mitarbeiterzeitung „Contact" ab.

Die Ergebnisse der schriftlichen Umfrage sind im Anhang aufgeführt. Beteiligt haben sich 1.132 Mitarbeitende, was einer Rücklaufquote von 23,1 % entspricht.

2. Ergebnisse der Umfrage

Leserfreundlichkeit

74,1 % der Interviewten empfinden den „Contact" als „sehr lesefreundlich".

Dem stehen 25,2 % gegenüber, die dies in Abrede stellen. Sie monieren vor allem, dass es schwierig sei, sich im Heft zu orientieren.

Durchschnittlich wenden die Befragten 15 Minuten für die Lektüre einer Ausgabe auf. Angesichts des Umfangs der Zeitschrift muss deshalb von einem sehr selektiven Leseverhalten ausgegangen werden.

Blattinhalt

Die Befragten bewerten den Informationsgehalt der Personalzeitung als hoch. So bezeichnen 89,3 % der Interviewten den „Contact“ als informativ. Lediglich 5,2 % geben an, dass dies „wenig“, und 0,4 %, dass es nicht zutreffe. ❶

Angezweifelt wird die Ausgewogenheit der Berichterstattung. So kritisiert ein Drittel der Befragten, die Sicht der Unternehmensleitung habe ein zu starkes Gewicht. Es werden ❷ vermehrt „kritische Berichte“ und Beiträge über „kontroverse Themen“ gewünscht. Häufiger lesen möchten die Befragten zudem Berichte aus dem Unternehmensalltag.

Es sollen vermehrt auch Themen zur Sprache kommen, die aus Sicht der Mitarbeiter wichtig sind: ❸

- Pro- und Contra-Interviews zu kontroversen Themen
- Porträts von Mitarbeitern
- Reportagen aus den verschieden ❹ Abteilungen

[…]

❶ *Bezüge könnten deutlicher sein*
❷ *fehlende kausale Verknüpfung*
❸ *unklar, ob hier Empfehlungen der Befragten oder des Berichtschreibers gemeint sind*
❹ *Tippfehler*

Blattinhalt

Die Befragten bewerten den Informationsgehalt der Personalzeitung als hoch. So bezeichnen 89,3 % der Interviewten den „Contact“ als informativ. Lediglich 5,2 % empfinden die Zeitung als „wenig informativ“ und 0,4 % gar als „nicht informativ“.

Angezweifelt wird die Ausgewogenheit der Berichterstattung. So kritisiert ein Drittel der Befragten, die Sicht der Unternehmensleitung erhalte zu viel Gewicht. Entsprechend werden vermehrt „kritische Berichte“ und Beiträge über „kontroverse Themen“ gewünscht. Häufiger lesen möchten die Befragten zudem Berichte aus dem Unternehmensalltag.

3. Empfehlungen zur Weiterentwicklung des „Contact“

Orientierung der Leser im Heft erleichtern:

- Alle Beiträge müssen einer Rubrik zugeordnet sein.
- Hauptbeitrag als solchen kenntlich machen: Titelbild nimmt Bezug auf Hauptbeitrag und unterscheidet sich bezüglich Länge und Bedeutung des Themas klar von Artikeln der Rubrik „Aktuell“.
- Journalistische Aufbereitung der Beiträge durch Titel, Lead und Zwischentitel.

Themen- und Perspektivenvielfalt anstreben:

- Pro- und Contra-Interviews zu kontroversen Themen
- Porträts von Mitarbeitern
- Reportagen aus den verschiedenen Abteilungen

[…]

Kommentar

Berichte sind ein unverzichtbares Instrument der Unternehmensführung. Sie bringen Fakten und Informationen in einen Zusammenhang, um Rechenschaft über Vergangenes abzulegen und Entscheidungsgrundlagen für Künftiges zu schaffen. Die Auswahl der relevanten Inhalte und deren sinnvolle Gliederung sind dabei genauso wichtig wie eine verständliche Schilderung der Sachverhalte. Eine gute Leserführung hilft den Adressaten dabei, das Wesentliche des Berichts rasch zu erfassen und in ihre weiteren Denkprozesse einzubeziehen. Das setzt starke Fäden voraus, die sicher durch den Text führen und die darüber hinaus dessen Elemente verknüpfen.

Dieses textlogische Gewebe könnte im vorliegenden Beispiel deutlich tragfähiger gemacht werden. Und zwar erstens durch das Klären von fehlenden oder unklaren Bezügen, zweitens durch das eindeutige Trennen zwischen Umfrage-Ergebnissen und Empfehlungen. Und drittens, indem man diesen Unterschied in einer klaren Gliederung abbildet.

Mit dem Typo-Test fällt es Ihnen leichter zu beurteilen, ob Ihr Textgewebe hält, und Sie stellen sicher, dass Ihre Leser auch bei komplizierter und heterogener Materie den Faden nicht verlieren.

Zudem macht Sie der Typo-Test auf Tippfehler aufmerksam.

Ändern Sie das Layout; wählen Sie dazu eine andere Schrift, und verändern Sie die Spaltenbreite. So haben Sie beim Überarbeiten das Gefühl, einem fremden Text zu begegnen. Aus distanzierter Optik merken Sie, was an Ihrem Text nicht funktioniert.

Sie erkennen im veränderten Layout, dass es im ersten Abschnitt nicht die „Empfehlungen" sind, die in der Leserumfrage erhoben worden sind, sondern lediglich die Ergebnisse. Die Empfehlungen hingegen leiten sich aus den Ergebnissen ab.

Stutzig werden Sie auch im dritten und vierten Abschnitt, in denen eindeutige Bezüge respektive Begründungen fehlen. Im letzten Absatz schließlich kann die Leserin nicht erkennen, ob Sie es mit Empfehlungen der befragten Mitarbeiter zu tun hat oder ob hier der Verfasser des Berichts zu Wort kommt.

Durch eindeutige sprachliche Bezüge könnte diese Vermischung der Perspektiven behoben werden (Beispiel: „Der Bericht schlägt deshalb vor, vermehrt Themen zu behandeln, die aus Sicht der Mitarbeiter wichtig sind").

Wollen Sie ganz sicher gehen, dass Fakten und Interpretation nicht vermischt werden, dann stellen Sie beide Ebenen in je gesonderten Kapiteln dar („Ergebnisse der Umfrage"/„Empfehlungen zur Weiterentwicklung").

Wie dies aussieht, zeigt die nächste Seite.

Bericht über die Leserumfrage zur Mitarbeiterzeitung „Contact“
Der Bericht fasst die wichtigsten Ergebnisse und Empfehlungen der Leserumfrage zur Mitarbeiterzeitung „Contact“ zusammen, die in einer schriftlichen Umfrage Mitte 2002 erhoben worden sind. An der Umfrage beteiligt haben sich 1.132 Mitarbeiterinnen [...]

3. Empfehlungen zur Weiterentwicklung des „Contact“

Orientierung der Leser im Heft erleichtern:
- Alle Beiträge müssen einer Rubrik zugeordnet sein.
- Hauptbeitrag als solchen kenntlich machen: Titelbild nimmt Bezug auf Hauptbeitrag und unterscheidet sich bezüglich Länge und [...].

Bericht über die Leserumfrage zur Mitarbeiterzeitung „Contact“
Der Bericht fasst die wichtigsten Ergebnisse und Empfehlungen der Leserumfrage zur Mitarbeiterzeitung „Contact“ zusammen, die in einer schriftlichen Umfrage Mitte 2002 erhoben worden sind. An der Umfrage beteiligt haben sich 1.132 Mitarbeiterinnen
[...]

3. Empfehlungen zur Weiterentwicklung des „Contact“

Orientierung der Leser im Heft erleichtern:
- Alle Beiträge müssen einer Rubrik zugeordnet sein.
- Hauptbeitrag als solchen kenntlich machen: Titelbild nimmt Bezug auf Hauptbeitrag und unterscheidet sich bezüglich Länge und [...].

7 Was beim Schreiben geschieht

Die Progressionsanalyse

Dieser Teil skizziert an einem Fall aus der journalistischen Praxis, wie die Progressionsanalyse funktioniert – das Instrument, mit dem die Schreibforschung oder auch ein Schreibcoach beobachtet, was beim Schreiben am Arbeitsplatz tatsächlich geschieht.

Am Ende ist es einfach ein Text: glatt, professionell, fertig. Aber bis aus den immer gleichen dreißig Lettern dieses neue Stück Sprache wurde! Da stehen Sie Kämpfe aus, innere, äußere … – welche eigentlich? Was tun Sie genau, wenn Sie schreiben? Was geschieht am Bildschirm, was im Kopf und wieso? Das versucht die Schreibprozessforschung zu erfahren, zum Beispiel direkt am Arbeitsplatz, mit der Progressionsanalyse. Ohne eine solche Methode wäre es mühsam, Schreibprozesse zu erfassen. Dies zeigt schon ein kleiner Ausschnitt, ein Titel aus einem Text des Reporters MN. Dieser Titel gehört zu einem Artikel, der sich damit befasst, den sehr lange Zeit unbekannten Ursachen für den dramatischen Absturz eines Swissair-Flugzeugs vor Kanada nachzugehen, was seinerzeit für monatelange Berichterstattung sorgte. Der fertige Titel und der Vorspann umreißen den ganzen Beitrag. Sie lauten:

> Isolation der MD-11 untersucht
>
> Die verunglückte MD-11 der Swissair war mit Matten isoliert, die wegen Feuergefährlichkeit hätten ersetzt werden müssen, schreibt die „Washington Post“.

Das Titelchen könnte unspektakulärer nicht sein. Schauen wir jetzt aber in die Geschichte dieser einen Zeile. In einem ersten Anlauf schreibt MN bloß:

> MD-11

Er löscht aber die fünf Zeichen sofort wieder und schreibt dann in einem Zug:

MD-11– Absturz: Isolation wird untersucht

Dann löscht MN nacheinander die Teile „Absturz", „wird" und „MD-11". Es bleibt:

Isolation untersucht

Die „MD-11" kommt jetzt nach „Isolation" zu stehen:

Isolation der MD-11 untersucht

MN ersetzt „untersucht" mit „im Fokus" und beginnt mit dem Vorspann. Als vorläufiger Titel steht:

Isolation der MD-11 im Fokus

Vom Vorspann springt MN aber wieder zurück zum Titel, wo er die „Isolation" zu „Isoliermatten" aufbläst.

Isoliermatten der MD-11 im Fokus

Aus „im Fokus" wird „gefährlich?":

Isoliermatten der MD-11 gefährlich?

Die „Isoliermatten" schrumpfen dann zurück zur „Isolation":

Isolation der MD-11 gefährlich?

MN löscht „gefährlich?" und setzt stattdessen wieder „untersucht" hin:

Isolation der MD-11 untersucht

Ein ähnliches Hin und Her folgt noch mit der Endung des ersten Worts; aus „Isolation" wird „Isolierung", dann doch wieder „Isolation", und damit steht der Titel endlich, nach zehn Anläufen. Das schrittweise Nachzeichnen war wohl nachvollziehbar, aber umständlich, bereits für eine einzige Zeile. Zum Beschreiben ganzer Textgenesen muss das Verfahren schlanker werden. Dafür eignet sich die Progressionsanalyse, die einen Schreibprozess auf drei Ebenen erfasst: als Schreibsituation (7.1), als Schreibverlauf (7.2) und als Anwendung eines Repertoires von Schreibstrategien (7.3).

7.1 Die Schreibsituation erfassen

Kein Text entsteht einfach so, im leeren Raum, sondern er ist von zahlreichen Faktoren des Umfeldes abhängig.

Hätte etwa MN im umseitigen Beispiel seinen Text von Hand geschrieben und nicht am Computer getippt, gäbe es wohl weniger Zwischenschritte als jetzt. Weitere Einflüsse kommen vom Autor, von seiner Schreiberfahrung; von den Zielen, die er verfolgt, den Zwängen, denen er sich unterwirft; von den Menschen, mit denen er lebt und arbeitet; von den Texten, die er produziert und liest.

Solche Einflüsse erfasst die Progressionsanalyse im Bezugsrahmenporträt. Als Methoden nutzt sie das Gespräch und die teilnehmende Beobachtung am Arbeitsplatz. Im Bezugsrahmenporträt wird mit wenig methodischem Zwang und viel Intuition zusammengetragen, was an Einflüssen zu berücksichtigen sein könnte beim Interpretieren des Schreibverlaufs.

MN etwa wird stark beeinflusst von der tatsächlichen oder vermuteten Pannenanfälligkeit seines Computersystems. Hat er ein paar Zeichen getippt, sichert er die Arbeit – immer wieder. Bei seinem Redaktionssystem ändert sich dabei jedes Mal der Zeilenumbruch, und die Schreibmarke rutscht an den Textanfang zurück – eine störende Prozedur. Weniger bedrängt als vom Computer wird MN von seinen Kollegen: Er arbeitet allein in seinem Büro. Auch wenn die Bürotür meist halb geöffnet ist; an Tastatur und Bildschirm sitzt MN so konzentriert, dass höfliche Menschen seinen Schreibverlauf nicht stören.

7.2 Den Schreibverlauf aufzeichnen

Als Schreibverlauf bezeichnen wir hier, was mit dem Text beim Schreiben auf dem Papier oder am Bildschirm geschieht. Auf das einfachste Grundmuster zurückgeführt, sind zwei Handlungen unterscheidbar: Text einfügen (Insertion) und Text löschen (Deletion). Insertionen und Deletionen bilden zusammen die Revisionen. Jeder Revision geht ein Break voraus, eine Unterbrechung des fortlaufenden Weiterschreibens.

Um diese Schritte einheitlich darstellen zu können, haben die beiden schwedischen Forscherinnen Kerstin Severinson Eklundh und Py Kollberg die S-Notation entwickelt. Überall dort, wo sich ein Autor im Schreibfluss unterbricht, um etwas zu löschen oder einzufügen, setzt die S-Notation das Break-Zeichen | in den Text. Gelöschte Stellen stehen in eckigen Klammern als [Deletionen], nachträgliche Einfügungen in geschweiften Klammern als {Insertionen}. Indices, kleine Zahlen, zeigen die Reihenfolge der Schritte an. Sie stehen unten am Break-Zeichen als |n und beidseits oben an den Klammern als n[]n oder n{ }n. In S-Notation lässt sich nun MNs Baustelle als Revisionsfolge kompakt festhalten:

> ^{1}[MD–11 $|_{1}$]^{1,4}[MD–11^{2}[–Absturz]^{2} $|_{3}$:]^{4} $|_{5}$
> Isol^{17}{ation}^{17} $|_{18}$ ^{18}[^{15}{ierung}^{15} $|_{16}$ ^{11}{ ^{16}[ation]^{16} $|_{17}$}^{11}
> $|_{12}$ ^{7}{^{12}[iermatten]^{12} $|_{13}$}^{7} $|_{8}$ ^{8}[ation]^{8} $|_{9}$]^{18} $|_{19}$ ^{3}[wird]^{3}
> $|_{4}$ ^{5}{der MD–11}^{5} $|_{6}$ ^{6}[untersucht $|_{2}$]^{6} $|_{7}$ ^{13}{untersucht}^{13}
> $|_{14}$ ^{9}{^{14}[gefährlich?]^{14} $|_{15}$}^{9} $|_{10}$ ^{10}[im Fokus]^{10} $|_{11}$

So sind alle Änderungen vermerkt, die ein Text während seiner Schreibgeschichte durchlaufen hat. Man kann eine ganze Revisionsfolge präzise beschreiben, ohne umständlich Schritt für Schritt alle Zwischenprodukte darzustellen. Allerdings braucht es Übung, um die S-Notation zu lesen, vor allem bei komplexeren Schreibprozessen, in denen der Autor seinen Text in mehreren Anläufen überarbeitet und umgestellt hat.

Schreibprozesse mit vielen Revisionen kann man sich leichter vor Augen führen, wenn man die Bewegung durch den Text grafisch darstellt. Diese Bewegung nennen wir Progression. Die Progressionsgrafik des Beispiels ist unten dargestellt:

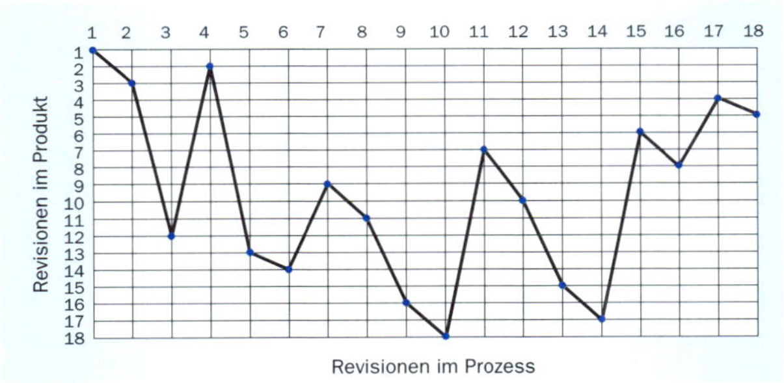

Jeder Punkt der Progressionsgrafik stellt eine Revision dar. Die x-Achse zeigt die Reihenfolge der Revisionen im Schreibprozess, die y-Achse zeigt die Reihenfolge der Revisionen im fertigen Textprodukt. Mit den ersten zwei Revisionen seines Schreibprozesses etwa bewegt sich MN am Anfang seines Titels, mit der dritten im hinteren Teil, mit der vierten wieder vorn und mit den nächsten zwei wieder hinten. Dann überarbeitet er den Titel in vier Wellen, jeweils von vorne her.

Die Grafik oben ist stark vereinfacht. Zum einen fehlen die Revisionen, mit denen MN Autoren- und Formatkürzel einfügt oder korrigiert. Zum andern fehlen die Abstecher vom Titel in den Vorspann. MN schließt den Titel nicht ab, bevor er zum Vorspann übergeht, sondern springt zwischen Titel und Vorspann hin und her. Nach der Revision 7 beginnt er den Vorspann zu schreiben, kehrt dann in den Titel zurück, wechselt nach Revision 15 wieder zum Vorspann und schließt erst jetzt den Titel ab. – Deutlich wird dieses Springen zu Schreibbeginn in der folgenden Progressionsgrafik.

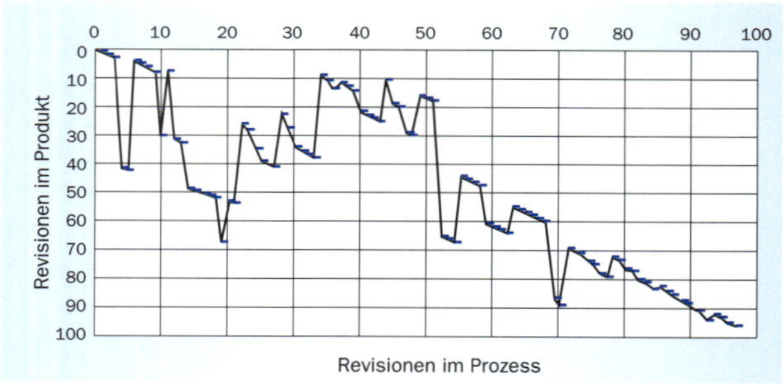

Diese ausführliche Progressionsgrafik bildet MNs Anlaufphase ab. In dieser Zeit entstehen der Titel, der Vorspann und der erste Satz des Textkörpers. Offensichtlich wird die Schreibbewegung immer linearer, ruhiger: MN schreibt zunehmend vorwärts, statt hin und her zu springen.

7.3 Die Schreibstrategien erschließen

Die meisten beruflich Schreibenden arbeiten heute am Computer. Das erleichtert es, den Schreibprozess zu beobachten und z. B. in Progressionsgrafiken darzustellen, zu überblicken. Ein Computer kann nämlich so programmiert werden, dass er beim Schreiben jede Cursorbewegung, jeden Tastendruck aufzeichnet und daraus die S-Notation und die Progressionsgrafik automatisch errechnet. Dies alles geschieht hinter der Oberfläche des vertrauten Schreibprogramms, ohne die gewohnten Abläufe der schreibenden Person zu stören. Die Aufzeichnungs- oder Loggingprogramme müssen für jede Verbindung von Computer, Betriebssystem und Schreibsoftware neu geschrieben oder wenigstens angepasst werden. Natürlich dürfen sie das Computersystem am Arbeitsplatz nicht durcheinander bringen. Die Schreibenden wollen arbeiten wie gewohnt, und die Forschenden wollen übliche Abläufe aufzeichnen, keine künstlichen, unnatürlich beeinflussten. Die ersten Praxistests von Loggingprogrammen sind deshalb immer auch Nervenproben. Doch prinzipiell ist zuverlässig und automatisch erfassbar, wie sich der getippte Text beim Schreiben entwickelt.

Das gilt nun nicht für den wohl spannenderen Teil der Schreibarbeit, fürs Schreiben im Kopf. Ausdenken, umformulieren, verwerfen, neu ansetzen – viele Textrevisionen geschehen vermutlich nur im Kopf, vor dem Tippen. Um diese Gedanken wenigstens teilweise zu erfassen, öffnet die Progressionsanalyse in einer weiteren Stufe ein Fenster in den Kopf der schreibenden Person:

Möglichst sofort nach dem Schreiben lässt sich der Autor das Logfile des Schreibprozesses abspielen; der Text entsteht vor seinen Augen nochmals in der gleichen Schrittfolge wie beim Schreiben, aber in frei wählbarem Tempo, meist zeitlich gerafft. Dazu liest der Autor laufend laut, was eben geschrieben, eingefügt oder gelöscht wird. Vor allem aber begründet er, warum er es getan hat. Ein Tonband oder der Schreibcomputer selbst zeichnen diese retrospektiven Verbalisierungen auf. – So kommentiert MN einige seiner Revisionen im Titel:

„Der ist zu lang, also gehe ich irgendwie »Absturz« herausnehmen. Noch einmal ein Wort herausnehmen, weil er immer noch zu lang ist. Auf dieser Seite hat es nicht viel Platz.“ (zu den Revisionen 2 und 3). – *„Jetzt habe ich nur noch den Titel »Isolation untersucht«. Aber irgendwas muss rein, damit man sofort weiß, um was es geht“* (vor Revision 5). – *„Irgendwie gefällt mir das nicht mit dem »Fokus«“* (zu Revision 10). – *„Dann bin ich im Duden nachschauen gegangen. Es heißt doch »Isolation«“* (zu Revision 17).

MN arbeitet in diesen Auszügen also mit Überlegungen, die sich am Textformat ausrichten („zu lang“), an der vermuteten Publikumserwartung („damit man sofort weiß, um was es geht“), am eigenen Autorengeschmack („gefällt mir nicht“)

und an der Sprachnorm („im Duden nachschauen“). Ja? Arbeitet er mit solchen Überlegungen, oder behauptet er das nur, hinterher?

Dieses Beispiel reicht, um die Hauptschwäche der retrospektiven Verbalisierung anzudeuten: Kann man sich denn rückblickend noch bei jeder Einzelheit erinnern, was man wieso gemacht hat? Schon das Handeln nimmt man nur in Ausschnitten wahr; beim Speichern im Gedächtnis gehen einzelne dieser Ausschnitte vergessen, und beim Erinnern wird das Gesamtbild aus den wenigen noch vorhandenen Ausschnitten neu aufgebaut und ergänzt. Beim Mitteilen schließlich kommen wiederum nur Teile des neuen Gesamtbilds zur Sprache, oder man erfindet dazu, unwillentlich – oder willentlich. Dennoch öffnet sich ein Fenster in den Kopf. Die Frage ist bloß, was man durch dieses Fenster erkennen kann: sicher nicht die Menge aller und nur der Überlegungen, die der Autor tatsächlich angestellt hat. Vielmehr wird offen gelegt, was der Autor sich prinzipiell überlegt haben könnte – ein wesentlicher Ausschnitt aus dem Repertoire der bewussten Schreibstrategien. Solche Strategien funktionieren als Leitplanken des Schreibens.

Unter einer Schreibstrategie verstehen wir die verfestigte, bewusste und damit benennbare Vorstellung davon, wie Entscheidungen beim Schreiben zu fällen sind, damit eine Schreibaufgabe optimal gelöst werden kann – damit also der Schreibprozess und das Textprodukt mit höherer Wahrscheinlichkeit eine zielgemäße Gestalt annehmen und eine zielgemäße Funktion erfüllen (Perrin 2001:18). Die Strategie, die Publikumserwartung mit deutlichen Informationen von Anfang an zu lenken, hat MN vielleicht selbst entwickelt, weil er gemerkt hat, dass sonst Missverständnisse entstehen oder man den Text überblättert; oder er hat sie übernommen von Vorgesetzten oder Vorbildern. Auf jeden Fall ist sie ihm jetzt so bewusst, dass er sie im Verbalprotokoll erwähnt, und die Vermutung liegt nahe, dass er sie beim Schreiben tatsächlich nutzt.

Theorie für die Praxis

So zeichnet die Progressionsanalyse ein Bild der Arbeitssituation, der Schreibbewegung am Computer und des Schreibdenkens im Kopf. Erkennbar wird, was eine schreibende Person tut; erschließbar, warum sie es tut. Beides lässt sich nun vergleichen mit dem fertigen Text – und mit den Gefühlen der Autorin, des Autors diesem Text gegenüber.

MN etwa arbeitet am Anfang seines Schreibprozesses einen Plan für seinen Text aus. In zehn Titelvarianten, rückgekoppelt mit Vorspannvarianten, verschiebt er die Perspektive, bis er seinen Zugang zur Sache gefunden hat. Kann er seine erste Baustelle endlich hinter sich lassen, zieht er diesen und viele andere Schreibprozesse erlöst und fadengerade durch bis zum Schluss. Manche seiner fertigen Texte zeigen einen starken, dichten Anfang, eine logische Gedankenentwicklung unter dramaturgisch frischen Ideen.

Doch an einzelnen Stellen hängt ein Bild leicht schief, verliert sich ein Motiv, zögert ein Schluss – was natürlich auffällt bei MNs prinzipieller journalistischer Präzision und seinem dramaturgischen Witz.

Statt nur am Anfang zu kämpfen und dann in der richtigen Richtung bis irgendwo zu eilen, kann MN mit der Finger-Technik (Seite 45ff.) früh um den Schluss ringen und ihn setzen, dann den Bogen zwischen diesen beiden Hauptstellen des Texts schlagen. Und nach dem Schreiben hilft die Partitur-Technik (Seite 99ff.) prüfen, ob die wichtigen Spieler rechtzeitig auftreten und im Spiel bleiben.

Damit ist hier lediglich angedeutet, was die Schreibprozessanalyse der Praxis nützt und auf welchen empirischen Einsichten Schreibberatung aufbauen kann. Zu mehr theoretischem Hintergrund führt www.schreibcoaching.com.

Baden Sie dort in der Literatur – Schreibforschung ist ein spannendes Fach, kommt jetzt richtig auf Touren. Schon die Titel all der Publikationen … – aber hier geht es ja ums Schreiben, nicht ums Schreibforschen, und Sie haben eben Schreibtechniken für den Alltag durchgespielt, von der Forschung aus der Praxis destilliert.

Und jetzt? Mögen, können Sie noch schreiben? Es soll ja überzeugte Singles geben unter den Ehetherapeuten oder Chirurginnen, die sich lieber gesundbeten als operieren lassen. Zu viel Wissen, so scheint es, kann einem im Wege stehen.

Mit dem Wissen zum Schreiben haben wir eine andere Erfahrung gemacht, in Beratungen, aber auch für uns selbst. Wir schreiben immer noch gern, viel, schnell und wohl brauchbar. Der Trick ist einfach, den Musikern abgeschaut: Die üben entweder, Note um Note, Ton um Ton, Passagen vor- und rückwärts. Oder sie musizieren aus bewegter Seele, fernab aller Fingersätze, im Sinn nur noch den Klang, das Ganze, die Musik. Schreibberatung ist wie Üben; Schreiben wie Musizieren. Beim Schreiben denken Sie also nicht ans Schreiben, sondern sprechen mit sich und der Welt, sprechen in die Tasten. Nur noch schreiben, endlich den Gedanken freien Lauf lassen. Was Sie in Analysen, Trainings, Coachings von Schreibprozessen verstanden haben, fließt gern unbemerkt ein.

Als Übergang vom „Nachdenken über" zum Machen eignen sich E-Mails. Die E-Mail-Technik! Machen Sie's jetzt, kritisieren Sie dieses Buch. Unsere Adressen finden Sie unter

www.schreibcoaching.com.

Wir freuen uns auf Ihre Post – auf Ihr Schreiben!

Daniel Perrin und Nicole Rosenberger

Anhang

Stichwortverzeichnis

T

U

V

W

Z

Über die Autoren

Daniel Perrin, Dr. phil., geboren 1961, Professor für Medienlinguistik. Perrin baut auf Erfahrung als Reporter und Redakteur, Texter und Textchef, Schreibcoach und Trainer. Heute erforscht er professionelles Schreiben, den Sprachgebrauch in der öffentlichen Kommunikation und den Anwendungsbezug von Sprach- und Kommunikationswissenschaft. Er leitet das Institut für Angewandte Medienwissenschaft IAM der Zürcher Hochschule Winterthur, mit Studiengängen in Journalismus und Organisationskommunikation, sowie die Forschungsstelle Berufliches Schreiben der Universität Bern. Und er schiebt Frühschichten in Redaktionen und Agenturen, für die Bodenhaftung.

Nicole Rosenberger, Dr. phil., geboren 1965, ist Dozentin für Public Relations und leitet die Weiterbildung des Instituts für Angewandte Medienwissenschaft IAM der Zürcher Hochschule Winterthur. Sie ist Publizistikwissenschaftlerin und promovierte Germanistin. Neben ihrer Forschungstätigkeit hat sie während Jahren für die Kulturseiten verschiedener Zeitungen geschrieben und für zahlreiche Organisationen Öffentlichkeitsarbeit konzipiert und umgesetzt.

Projekte und Publikationen: www.iam.zhwin.ch/team